本书由湖南省哲学社会科学基金项目（16YBQ050）资助出

面向供应链协作管理的交易信用激励机制研究

曾顺秋／著

MIANXIANG GONGYINGLIAN

XIEZUO GUANLI DE JIAOYI XINYONG

JILI JIZHI YANJIU

湖南师范大学商学院经济管理论丛

中国财经出版传媒集团

经济科学出版社
Economic Science Press

图书在版编目（CIP）数据

面向供应链协作管理的交易信用激励机制研究/
曾顺秋著. —北京：经济科学出版社，2018.1
（湖南师范大学商学院经济管理论丛）
ISBN 978 - 7 - 5141 - 8999 - 5

Ⅰ.①面⋯　Ⅱ.①曾⋯　Ⅲ.①交易 - 信用制度 -
研究　Ⅳ.①F014.3

中国版本图书馆 CIP 数据核字（2018）第 012316 号

责任编辑：王东岗
责任校对：隗立娜
责任印制：邱　天

面向供应链协作管理的交易信用激励机制研究
曾顺秋　著
经济科学出版社出版、发行　新华书店经销
社址：北京市海淀区阜成路甲 28 号　邮编：100142
总编部电话：010 - 88191217　发行部电话：010 - 88191522
网址：www. esp. com. cn
电子邮件：esp@ esp. com. cn
天猫网店：经济科学出版社旗舰店
网址：http://jjkxcbs. tmall. com
北京财经印刷厂印装
880 × 1230　32 开　5 印张　200000 字
2018 年 3 月第 1 版　2018 年 3 月第 1 次印刷
ISBN 978 - 7 - 5141 - 8999 - 5　定价：30.00 元
（图书出现印装问题，本社负责调换。电话：010 - 88191510）
（版权所有　侵权必究　举报电话：010 - 88191586
电子邮箱：dbts@ esp. com. cn）

总　　序

　　湖南师范大学经济与管理学科源远流长。1938 年设立的公民训育学系就已经开设经济学、中国经济组织、国际政治经济、近代外国经济史四门课程。新中国成立后，学校先后于 1953 年和 1960 年成立了政治经济学教研组与教研室。1992 年，著名经济学家、中国消费经济学的主要创始人之一尹世杰教授调入湖南师范大学工作，我校经济管理学科步入快速发展时期，他亲自创办的《消费经济》杂志也落户我校。1997 年，我校成立经济与管理学院，2003 年经济与管理学院更名为商学院。

　　目前，我院已开设经济学、金融学、国际经济与贸易、市场营销、人力资源管理、工商管理、会计学等本科专业，拥有应用经济学、理论经济学和工商管理三个一级学科硕士点，拥有产业经济学、政治经济学、西方经济学、区域经济学、人口资源与环境经济学、企业管理、会计学、教育经济与管理等多个二级学科硕士点，金融学（MF）、工商管理（MBA）2 个硕士专业学位类别，具有理论经济学（一级学科）和统计学（一级学科）博士学位授予权。目前，学院已经形成了学士、硕士、博士三级人才培养体系。改革开放以来，我校先后培养了包括陈东琪、魏后凯、杨开忠、梁琦、谭跃进、马超群等一大批活跃在经济与管理学界的著名中青年学者。

　　所谓大学乃大师之谓也。我院秉承"人才兴院"理念，建设高水平的教学团队，涌现了以尹世杰教授为代表的学术大师；我院秉承"学术至上"的理念，在消费经济、大国经济等领域做出了开创性的成就，建立了学术话语权。"十二五"以来，学院教师先后成功申报国家社会科学基金重大项目、国家社会科学基金项目、国家自然科学基金项目等国家级课题40余项，在SSCI源刊、SCI源刊、《经济研究》《经济学季刊》《管理科学学报》《管理世界》等国内外权威和重要学术期刊发表论文数十篇。

在经济科学出版社的大力支持下，《湖南师范大学商学院经济管理论丛》已陆续与广大读者见面，希望社会各界不吝赐教。

湖南师范大学商学院院长李军
2018 年 2 月

前　　言

　　交易信用是指企业与企业之间在产品或服务的正常购销活动中，由于延期付款或者提前付款所形成的借贷关系。交易信用是与企业间发生的真实交易行为相联系的一种直接信用。由于交易信用通常具备信号传递作用、价格歧视功能、交易成本优势，以及短期融资功能等特点，交易信用在现代商业实践中得到了越来越广泛的应用。目前在金融学和运营管理领域，国内外已有相当多的论文专门研究交易信用问题。近些年来，随着供应链管理实践的发展，学术界开始重视交易信用在供应链协作管理中的地位和作用，但主要集中于研究延期付款形式的交易信用对供应链绩效的影响，而以提前付款期限作为内生变量的交易信用激励机制，以及由交易信用与其他协调契约构成的组合激励机制是以往供应链管理研究中很少涉及的重要课题。

　　本书以面向供应链协作管理的交易信用激励机制为研究对象，分析了交易信用对供应链成员的激励与补偿作用，考察了交易信用激励机制对供应链协作管理绩效的影响，探讨了供应链系统的利润增量或成本节约的合理分配，以及提出了由交易信用和收益共享（或二次订货策略）构成的组合激励机制。

　　全书共分为7章，其中：

　　第1章阐述了本书的研究背景及意义、主要内容和创新点。

　　第2章对交易信用的基础理论、交易信用与运营决策的交互关系、供应链协调机制等相关研究文献进行了回顾和总结。

第3章在制造商向零售商提供一定数量折扣的情形下，研究了提前付款形式的交易信用激励机制。本章研究发现：给定其他参数不变，随着市场需求的增大，或者生产速率的提高，或者订货准备成本的上升，又或制造商机会投资收益率的下降，最优的订货批量将会增加。而且，交易信用激励机制的合理设置还要考虑到供应链成员的机会投资收益率的相对大小。一方面，当制造商的机会投资收益率比零售商的更高时，通过采用基于数量折扣的交易信用激励机制，能够实现对分散式供应链的协作管理；另一方面，当零售商的机会投资收益率相对较高时，制造商不需要为了激励零售商增加订货批量而给予数量折扣，此时可以向零售商提供延期付款形式的交易信用，从而对零售商的采购策略继续加以优化与协作控制。

第4章在制造商可以通过额外投资压缩提前期的情形下，研究了基于提前期压缩成本分担的交易信用激励机制。本章研究表明：给定其他参数不变，当提前期加速因子减小时，最优的订货批量将会增加；而随着安全库存因子的增加，或者市场需求波动的增大，又或资金机会投资收益率的提高，最优的提前期长度将会缩短。

本章研究还表明，当提前期压缩的成本系数足够小时，通过设计基于成本分担的供应链交易信用激励机制，能够使制造商的年平均总成本得到较大幅度的节约，甚至比纯粹交易信用激励机制协调下的成本节约额度还要多，同时可以保证零售商的年平均总成本不会出现任何增加。然而，当提前期压缩成本系数较大进而可能导致制造商无利可图时，制造商将会放弃对提前期压缩的投资；此时，需要通过提供延期付款形式的交易信用来协调零售商的订货策略。并且，依赖于各自的相对风险规避态度，制造商和零售商运用纳什讨价还价模型，对供应链系统的最优成本节约进行了公平分配，从而实现了双方年平均总成本境况的共同改进。

第5章在制造商愿意直接给予消费者价格补贴的情形下，研究了基于价格补贴的供应链交易信用激励机制。本章研究表明：给定其他参数不变，随着制造商直接给予消费者的价格补贴率的提高，零售商的最优订货批量将会增加。因此，制造商可以通过制定价格补贴政策来引导零售商的采购策略选择。

本章研究还表明，对于需求价格弹性不同的市场环境，需要灵活地设置交易信用激励机制。首先，当需求缺乏弹性或者需求弹性比较低时，制造商由于无利可图而不愿意向消费者提供任何的价格补贴。此时，制造商与零售商单纯利用交易信用激励机制就可以有效地协调双方的策略选择。其次，如果需求相对富有弹性，或者当顾客对实际零售价的变化足够敏感时，通过制定基于价格补贴的交易信用激励机制，在能够满足零售商参与约束的前提下，可以使制造商获取与初始利润相比更大的年平均总利润，甚至比纯粹交易信用激励机制协调时所得到的利润还要多。并且，取决于双方的相对风险规避态度与议价能力，运用非对称纳什讨价还价模型，对供应链系统的最优利润增量进行了合理分配，从而使各自的年平均总利润水平得以提升。

第6章在随机需求依赖促销努力的情形下，研究了由交易信用和收益共享（或二次订货策略）构成的组合激励机制。本章研究表明：给定其他参数不变，当制造商的促销补贴率增加时，最优的促销投入和订货数量将会增加；当制造商允许（要求）零售商延期支付（提前支付）的信用期增加时，最优的订货数量和促销投入将会增加（减少）。

本章研究还表明，单一的合作促销方案尽管可以鼓励零售商将促销投入提高至供应链系统的最优水平，但是无法解决零售商订货数量不足的问题；于是，提出了由交易信用和收益共享构成的组合激励机制，可以引导零售商将订货数量和促销投入同时增加至系统的最优水平，从而改善了分散式供应链的运营绩效。而且，在需求分布未知的市场环境下，需求的波动程度越大，该组合激励机制越能有效地在供应链成员之间分散风险，充分发挥对分散化决策供应链的协调作用。此外，本章还提出了由交易信用和二次订货策略构成的一种新的组合激励机制。通过适当调整组合激励机制的相关参数，可以对供应链的总体期望利润进行任意的分配，进而实现了分散式供应链的完全协调。

第7章对全书结论进行了总结，并指出本书研究的不足和进一步研究的方向。

本书的创新点主要体现在以下几个方面：

（1）设计了以提前支付期限作为内生变量的供应链交易信用激励机制，揭示了提前付款形式的交易信用对供应链成员的激励与补偿作用，而以往文献往往将交易信用视为给定的外生变量。

近年来，一些文献开始关注交易信用对供应链的协调作用，但主要集中于研究延期付款形式的交易信用，并且往往将其视为给定的外生变量。现实中供应链节点企业之间提前付款的情况也是经常发生的，而且会关乎各个成员企业利益的协调。因此，设计以提前支付期限作为内生变量的交易信用激励机制，可以充分发挥交易信用对供应链成员的激励与补偿作用。这是贯穿本书的一个创新点。

首先，本书在制造商向零售商提供一定数量折扣的条件下，通过采用提前付款形式的交易信用，对零售商的采购策略进行了优化与协作控制；然后，本书假设制造商可以通过额外的投资压缩提前期并且与零售商分担压缩成本，将提前期视为制造商的一个决策变量，继续将提前付款形式的交易信用作为一种激励工具，研究了供应链成员的订货量、提前期，以及信用期等策略的优化选择。

（2）提出了基于价格补贴的供应链交易信用激励机制，得到了供应链成员的最优订货批量、最优价格补贴率，以及最优提前支付信用期，分析了成员企业的相对风险规避态度与议价能力对系统新增利润分配的影响。

以往文献很少关注现实中较常见的生产商直接向消费者提供价格补贴的商业行为，这一方面的理论与应用研究仍然远远滞后于商业实践的发展。为此，考虑制造商直接给予消费者价格补贴对市场需求的影响，设计基于价格补贴的供应链交易信用激励机制，研究了分散式供应链的协作管理问题，得到了供应链成员的最优订货批量、最优价格补贴率，以及最优提前支付信用期等运营、营销乃至财务管理方面的联合协调策略，并且分析了成员企业的相对风险规避态度和议价能力对供应链系统的新增利润分配的影响。这也是本书的一个创新之处。

（3）分别在需求分布已知与未知的情形下，提出了由交易信用和收益共享（或二次订货策略）构成的供应链组合激励机制，并论证了组合激励机制对分散式供应链协作管理绩效的提升作用。

本书假设随机需求依赖零售商的促销努力，分别在随机扰动项服从任一分布类型与需求分布具体形式未知的情形下，揭示了由交易信用和收益共享构成的组合激励机制对于供应链成员利益的协调与补偿作用，考察了市场需求波动对分散式供应链协作管理绩效的影响；而且，考虑到零售商在销售季节末可能拥有的二次订货机会，还提出了由交易信用和二次订货策略构成的一种新的供应链组合激励机制，同样实现了分散化决策供应链的完全协调的目标。

曾顺秋

2018 年 2 月

目　　录

第 *1* 章

绪　　论

1.1
研究背景及研究意义

1.1.1　研究背景

交易信用（trade credit）是指企业与企业之间在产品或服务的正常购销活动中，由于延期付款或者提前付款所形成的借贷关系。就其定义而言，交易信用是与企业间发生的真实交易行为相联系的一种直接信用，主要表现为延期付款和提前付款两种形式。交易信用通常具备信号传递作用、价格歧视功能、交易成本优势，以及短期融资功能等特点。因此，作为一种非价格竞争手段，交易信用可以稳定供需关系、促进商品的销售以及提高企业产品的市场占有率；而作为企业短期融资的一个重要来源，交易信用则能够在一定程度上帮助面临资金约束的企业消除由于资金短缺而造成的经营障碍。

众所周知，在零售行业中，许多企业，特别是新兴企业或者快速成长（fast-growing）企业，一般会倾向于依赖延期付款形式的交易信用以缓解资金周转压力或扩大采购规模。当然，一些零售巨头（如国美、苏宁等公司）则能够凭借渠道优势占用供应商的货款而获得廉价的资金。但是，也有不少比较强势的生产企业，往往会主动制定一系列相关优惠政策吸引下游的经销商或零售商提前支付货款，进而实现预收部分生产准备资金、充分发挥资金利用效率，以及真正意义上的"以销定产、合作共赢"的目标。例如，在每年9月至次年2月的空调销售淡季，格力公司通过实行预付款可以享受更多价格优惠的销售政策鼓励下游的经销商提前打款，这使得格力的净资产收益率近几年都维持在30%以上；同样地，美的公司的渠道政策规定，经销商必须在淡季预付一定数量的资金给制造商才可以获得旺季的进货权，并以淡季付款额的1.5倍作为旺季供货额度。另外，在农副产品或者一些大型装备（如飞机、船舶、发电设备以及重型机械等）的购销活动中，采购方也经常向生产者提前给付定金或预付款。

值得注意的是，交易信用在现代商业活动中得到了越来越广泛的应用。一方面，从全球的主要经济体来看，延期付款形式的交易信用长期以来被企业或公司大量地使用。拉詹和津加莱斯（Rajan and Zingales，1995）计算得到，在1991年，西方七国集团（Group of Seven，G7）中的英国和日本企业应收账款占总资产的比重都达到了22%，而对于意大利、德国和法国来说，这一比重更是超过了25%。根据美国统计摘要（*Statistical Abstract of the United States*，1997），在20世纪90年代，供应商融资（vendor financing）在所有美国公司的总资产账面价值中平均占到了1.5万亿美元，大约是当年公司新发行债券和股票价值总和的2.5倍；而作为货币供给的组成部分，以应付账款形式存在的交易信用平均起来超过了货币供应量M1的1.5倍。另外，就中国企业而言，《上海证券报》统计显示，2009年中国上市公司的应收账款总额为8450.90亿元，与2008年度相比增长了25.76%；而且，这一年里沪深两市1836家上市公司中有1090家公司（占比达到59.37%）的应收账款同比增加。

另一方面，作为上市公司财务指标之一的预收账款或预付账款，也可以充分地说明在现实中还大量存在着提前付款形式的交易信用。根据阿伯丁集团（Aberdeen Group）提供的《供应链融资发展状况报告》（2006），在所有接受调查的企业中，当前正在使用对供应商以折扣方式提前支付的购买商所占比例是42%，并且，还有20%的购买商计划在未来18个月内使用这一提前支付方式；而当前使用和近期计划使用以折扣方式提前收到货款的供应商占比分别为48%和17%。

据《中国证券报》报道，截至2009年3月19日，沪深两市已披露年报的387家上市公司的预收账款总计1080亿元，占2008年营业总收入12151亿元的8.89%，这一比例较2007年度的10.4%而言出现了下降。其中，52家公司的2008年预收账款金额实现了翻番，这些公司主要分布在化工、机械设备、医药生物，以及纺织服装四大行业。有关分析指出，上述四大行业都是清一色的制造业，这也充分地表明，在金融危机蔓延、经济前景不明之际，为了规避潜在风险和确保经营安全，不少制造业公司开始考虑改变营销策略，或者提高客户预付款的比例。以仁和药业为例，公司在2008年底预收账款金额比年初增加了5898.23万元，增长比例为4927.78%。该公司在当时发布公告声称，这主要是由于推出了吸引客户在年底前向公司预付货款的优惠销售政策所致。

从供应链管理的角度来看，交易信用通常是伴随着物流和资金流在时间或空间上的非同步化运作而产生的。考虑到资金的时间价值，供应链中的各个成员企业会要求在财务管理上尽可能地做到"早收晚付"。显然，对于任何一个理性的企业而言，与其晚收，不如早收，与其早付，不如晚付。于是，供应链中的上下游企业需要共同面对交易信用期限的决策问题，通过谈判或协商提出合理的解决方案，从而制定有效可行的交易信用激励政策，这势必会关系到供应链成员的利益和整个供应链系统的运营绩效。

实际上，供应链中的各个成员企业作为独立的经济主体，往往有自己的利益诉求和不一致甚至相互对立的期望目标。美国经济学家斯宾格勒（Spengler，1950）在早期对产业组织行为的研究中发现，当市场上的产业链存在单一的上游卖方和单一的下游买方时，上下游的企业为实现各自利益的最大化而使整个产业链经历了两次加价（或边际化）。这就是所谓的"双重边际化"（double marginalization）现象。双重边际化除了指上述的双重加价以外，还涉及企业的订货决策。例如，以自身利润最大化为目标的下游企业倾向于采购对上游供应商来说并非最优数量的产品。其实，供应链中的上下游企业之间关于产品价格、数量、质量、研发、促销、信用期等方面仅考虑各自利益的决策行为，都是双重边际化的一种表现形式，而双重边际化正是引发产品分销渠道冲突的本质根源。

早在 1992 年，著名的供应链管理专家克里斯托弗（Christopher）就预言：未来的竞争不再是企业与企业之间的竞争，而是供应链与供应链之间的竞争。这句话意味着，供应链中的每个成员企业需要突破有形的企业组织边界，而不再局限于单个企业内部利益的优化，应该遵循优势互补、风险分散、成本共担，以及利益共享的市场经济法则，对相关成员企业的最优策略选择进行协作控制，使供应链系统的整体竞争能力得以提升。

在这样的现实背景下，本书对于由单个制造商与单个零售商组成的两级供应链，将交易信用作为一种内生激励工具或协调变量，设计有效而可行的供应链交易信用激励机制，或者将交易信用与其他一些协调契约（如收益共享、二次订货策略等）构成组合激励机制，从而对零售商的利己化订货策略或者相应的促销行为进行协调与控制，并且通过对供应链系统的最优新增收益（或成本节约）的合理分配，进而实现各个成员企业利润（或成本）境况的共同改善与供应链协作管理的目标。

1.1.2　研究意义

近些年来，随着供应链管理实践的发展，学术界开始重视交易信用在供应链协作管理中的地位和作用。由于交易信用具有其他协调机制所没有的信号传递作用、价格歧视功能、交易成本优势、短期融资功能等特点，研究交易信用对于分散式供应链中的成员企业的激励与协调作用，能够产生重要的实际效果与理论创新。本书研究的理论意义和应用价值，主要体现在以下两个方面：

（1）目前缺乏对供应链交易信用激励机制的研究，本书的研究将丰富现有的理论成果，并且推动供应链激励机制理论研究的深入发展。

国内外已有大量的论文专门研究交易信用问题，但是把交易信用作为决策变量来研究供应链协作管理的学术论文直到最近几年才出现。目前，供应链交易信用激励机制的研究已受到国内外学术界的关注并正成为新的研究热点。然而，提前付款形式的交易信用，以及由交易信用与其他协调契约构成的组合激励机制是以往供应链管理研究中很少涉及的重要课题。因此，本书的研究将拓展供应链管理的理论研究领域。

（2）本书的研究成果将为企业设计有效的供应链激励机制、增强成员企业间的协作能力与整个供应链的竞争优势提供理论依据和实践指导，具有广阔的应用前景。

学术界对供应链中的物流和信息流进行了大量的研究，但对供应链上的资金流却关注较少。事实上，通过对资金流的合理配置能够降低整个供应链的运营成本，提高资金的利用效率，进而增强供应链的整体竞争能力。由于交易信用是供应链上资金流管理的一个重要工具或手段，因此，研究交易信用对供应链的激励与协调作用将为企业有效地管理资金流提供新的决策思路与启示，同时也能为企业设计供应链组合激励机制和进行良好的供应链协作控制提供理论依据和方法。

1.2
本书的研究内容与框架

基于现有的理论研究成果与交易信用实践动态，本书以面向供应链协作管理的交易信用激励机制为研究对象，全面分析了交易信用对供应链成员的运营策略选择的激励与补偿作用，系统考察了交易信用激励机制对于供应链协作管理绩效的影响，以及深入探讨了供应链系统的最优利润增量或成本节约的合理分配，进一步提出了由交易信用和收益共享（或二次订货策略）构成的供应链组合激励机制。

主要研究内容如下：

第一，基于数量折扣的供应链交易信用激励机制。现实中，许多拥有强势地位或支配能力的制造商，往往会积极制定一些优惠销售政策以吸引零售商提前支付货款，从而获得部分生产准备资金和保证企业生产平稳运行。本部分研究制造商在为了加快营运资金周转而向零售商提供一定数量折扣的条件下，通过设计要求零售商提前付款的交易信用激励机制，对分散式供应链中零售商的采购策略进行协作控制，分析了供应链成员的订货批量和提前支付信用期等策略选择以及供应链系统的利润增量分配情况，揭示了市场需求率、零售商订购准备成本、制造商的生产速率和机会投资收益率等参数对零售商最优订货批量的影响，阐释了制造商与零售商在设置交易信用激励机制时，需要考虑到双方机会投资收益率的相对大小。

　　第二，基于成本分担的供应链交易信用激励机制。在需求复杂多变和竞争日趋激烈的商业环境下，基于时间的竞争已经成为现代的主流竞争模式。为了获取更大的市场竞争优势，企业往往需要对多样化和个性化的顾客需求作出快速响应，而对提前期的控制则正好属于企业运作层面上的时间管理。

　　本部分首先，考虑了制造商可以通过额外的投资压缩提前期，并且将提前期视为制造商的一个决策变量；其次，在提前期压缩成本分担的条件下研究了如何制定交易信用激励机制，以对供应链成员在订货批量、提前期压缩，以及提前支付信用期等联合策略选择进行协作控制；再次，就安全库存因子、提前期内需求的标准差，以及资金的机会投资收益率等参数变化对供应链成员最优策略的影响进行了比较静态分析；最后，针对制造商与零售商各自的相对风险规避态度，通过引入幂效用函数和运用纳什（Nash）讨价还价模型，讨论了制造商与零售商对供应链系统的成本节约金额的公平分配。

　　第三，基于价格补贴的供应链交易信用激励机制。众所周知，为了最大限度地扩大企业产品的市场占有份额，一些生产厂家往往会通过诸如特价、折价券、甚至现金返利之类的促销方式，直接向终端顾客提供价格补贴以刺激潜在的消费需求。如果消费者需求对产品实际零售价的变化比较敏感，那么只要生产商愿意让予消费者一定比例的价格补贴，市场需求就很可能会出现较大幅度地增加，从而带动企业销售收入规模的增长和库存周转率的提高。

　　本部分考察了制造商直接给予消费者价格补贴的商业促销行为及其对终端顾客需求的刺激作用，将提前付款形式的交易信用作为一种内生的激励工具，通过设计基于价格补贴的交易信用激励机制，研究了分散化决策供应链的协作管理问题，分析了供应链成员的最优订货批量、最优价格补贴率，以及最优提前支付信用期等运营、营销乃至财务管理方面的联合协调策略。并且，在具有不同需求价格弹性的特定市场环境下，探讨了制造商与零售商如何设置交易信用激励机制，进而对各自的策略选择进行协作控制。最后，根据制造商与零售商的相对风险规避态度和运用非对称纳什讨价还价模型，讨论了双方对供应链系统的最优新增利润的合理分配。

第四，基于收益共享的供应链交易信用激励机制。作为市场营销策略的主要组成部分，促销这一市场竞争的手段已被许多零售企业所采用，旨在引导潜在消费者的购买欲望。不少生产厂家为了鼓励零售商加大促销投入力度，还实施了成本补贴的合作促销方案。然而，市场需求由于受到诸多因素的影响往往表现出不确定性，而且企业能够获得关于需求分布的信息也通常是有限的。

本部分在市场需求不确定的供应链管理环境下，考虑了零售商的促销活动对期望市场需求的影响，在假设期望需求促销函数为一般形式的基础上，研究了分散式供应链中零售商订货策略与促销行为的协作管理问题。先后在随机扰动因素服从任一分布类型与需求分布具体形式未知的情形下，分析了由交易信用和收益共享构成的组合激励机制对供应链成员利益的协调与补偿作用。而且，对于随机需求依赖于促销的单周期销售的现实背景，零售商有时还可以在销售季节末进行二次订货以满足愿意等待顾客的需求。因此，本部分还研究了由交易信用和二次订货策略构成的供应链组合激励机制的设置，并论证了组合激励机制对供应链协作管理绩效的提升作用。

本书的研究框架及技术路线如图 1-1 所示。

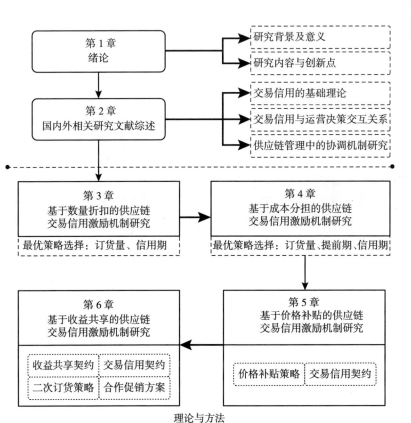

理论与方法
库存控制、市场营销、供应链管理、公司金融学、经济博弈论、非线性规划、计算机仿真

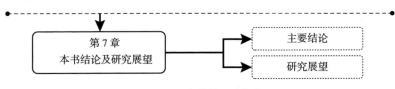

图 1 - 1　本书的研究框架

1.3

本书研究的主要创新点

本书通过对面向供应链协作管理的交易信用激励机制的研究，分析了交易信用对供应链成员的运营策略选择的激励补偿作用，考察了交易信用激励机制对供应链协作管理绩效的影响，提出了由交易信用和收益共享（或二次订货策略）构成的组合激励机制。本书的创新点主要体现在以下几个方面：

（1）设计了以提前支付期限作为内生变量的供应链交易信用激励机制，揭示了提前付款形式的交易信用对供应链成员的激励与补偿作用，而以往文献往往将交易信用视为给定的外生变量。

近年来，一些文献开始关注交易信用对供应链的协调作用，但主要集中于研究延期付款形式的交易信用，并且往往将其视为给定的外生变量。现实中供应链节点企业之间提前付款的情况也是经常发生的，而且会关乎各个成员企业利益的协调。因此，设计以提前支付期限作为内生变量的交易信用激励机制，可以充分发挥交易信用对供应链成员的激励与补偿作用。这是贯穿本书的一个创新点。

首先，本书在制造商向零售商提供一定数量折扣的条件下，通过采用提前付款形式的交易信用，对零售商的采购策略进行了优化与协作控制；然后，本书假设制造商可以通过额外的投资压缩提前期并且与零售商分担压缩成本，将提前期视为制造商的一个决策变量，继续将提前付款形式的交易信用作为一种激励工具，研究了供应链成员的订货量、提前期，以及信用期等策略的优化选择。

（2）提出了基于价格补贴的供应链交易信用激励机制，得到了供应链成员的最优订货批量、最优价格补贴率，以及最优提前支付信用期，分析了成员企业的相对风险规避态度与议价能力对系统新增利润分配的影响。

　　以往文献很少关注现实中较常见的生产商直接向消费者提供价格补贴的商业行为，这一方面的理论与应用研究仍然远远滞后于商业实践的发展。为此，考虑制造商直接给予消费者价格补贴对市场需求的影响，设计基于价格补贴的供应链交易信用激励机制，研究了分散式供应链的协作管理问题，得到了供应链成员的最优订货批量、最优价格补贴率，以及最优提前支付信用期等运营、营销乃至财务管理方面的联合协调策略，并且分析了成员企业的相对风险规避态度和议价能力对供应链系统的新增利润分配的影响。这也是本书的一个创新之处。

　　（3）分别在需求分布已知与未知的情形下，提出了由交易信用和收益共享（或二次订货策略）构成的供应链组合激励机制，并论证了组合激励机制对分散式供应链协作管理绩效的提升作用。

　　本书假设随机需求依赖零售商的促销努力，分别在随机扰动项服从任一分布类型与需求分布具体形式未知的情形下，揭示了由交易信用和收益共享构成的组合激励机制对于供应链成员利益的协调与补偿作用，考察了市场需求波动对分散式供应链协作管理绩效的影响；而且，考虑到零售商在销售季节末可能拥有的二次订货机会，还提出了由交易信用和二次订货策略构成的一种新的供应链组合激励机制，同样实现了分散化决策供应链的完全协调的目标。

第2章

国内外相关研究文献综述

本书将交易信用作为一种激励机制或协调机制，主要研究分散式供应链的协作管理问题。因此，与本书相关的研究文献大致可以分为三大类：交易信用的基础理论研究、交易信用与运营决策交互关系研究，以及供应链管理中的协调机制研究。本章首先对交易信用的基础理论研究文献进行了归纳，其次分析了交易信用与运营决策交互关系的研究现状，再次从确定需求和随机需求两个角度回顾了供应链协调机制的研究进展，最后总结了现有研究的局限以说明本书研究的出发点。

2.1

交易信用的基础理论研究综述

在金融学领域，早期研究交易信用的基础理论文献解释了交易信用普遍存在和使用的原因，得到的研究成果大多集中在以下几个方面：交易信用的功能和作用、交易信用决策的影响因素，以及交易信用与银行信用的关系，等等。其中，交易信用的功能和作用方面的研究成果主要涉及交易信用的信号传递作用、交易信用的价格歧视功能、交易信用的交易成本优势，以及交易信用的短期融资功能。

对于交易信用的信号传递作用，史密斯（Smith，1987）较早地指出，当采购商的违约风险信息具有非对称性时，供应商可以将交易信用作为一种有效的信息甄别机制来识别采购商潜在的违约风险；朗（Long，1993）等的实证分析表明，交易信用可以起到传递产品质量信息的作用，规模较小的企业或需要长时间检验产品质量的供应商将会提供更多的交易信用；类似研究还有李和斯托（Lee and Stowe，1993）、德罗夫和杰格斯（Deloof and Jegers，1996）、吴（Ng，1999），等等。

在交易信用的价格歧视功能方面，彼得森和拉詹（Petersen and Rajan，1997）认为，如果反垄断法禁止直接的价格歧视行为，那么交易信用或许是一种有效的价格歧视手段，因为交易信用可以降低产品的有效价格，尤其对比较富有价格弹性的细分市场来说；派克（Pike，2005）等利用在美国、英国和澳大利亚的 700 家企业样本考察了交易信用的差别化定价；布伦南（Brennan，1988）等、米恩和史密斯（Mian and Smith，1992）也对交易信用的这一功能做出了分析。

在交易信用的成本优势理论研究中，费里斯（Ferris，1981）论述了物流的不确定性将会导致资金流的数量和时间也不确定，这意味着采购商需要事先准备货款而承担相应的资金成本。而交易信用（包括延期支付和提前支付）由于允许货款结算与货物交付分开进行，可以降低不确定性所产生的交易成本和促进商品的交换；彼得森和拉詹（1997）阐述了企业为了平稳化生产过程，可能不得不建立较多的库存，进而负担了库存所带来的仓储成本。那么，企业通过提供交易信用可以较好地管理库存水平；米恩和史密斯（1992）指出当存在欺诈性交易行为时，交易信用可以协调商品交易与货款支付。

关于交易信用的短期融资功能，施瓦茨（Schwartz，1974）提出的交易信用融资动机理论表明，容易从货币市场获得资金的企业愿意向融资难但拥有投资机会的企业提供交易信用；埃默里（Emery，1984）讨论了交易信用的融资动机，指出当金融市场不完全时，企业必须保持一定数量的流动准备金以满足现金之需；彼得森和拉詹（1997）进一步总结了交易信用的融资优势：（1）供应商通过了解采购商的订货规模与订货时间，可以比金融机构更快和更低成本地获知采购商的经营状况；（2）如果采购商的还款可能性下降，那么供应商能够以切断后续供货来威胁和控制采购商，相比之下，金融机构在这方面的势力则更为有限；（3）当采购企业破产面临清算时，拥有销售网络的供应商能够以比金融机构更低的成本将剩余产品变现。葛和邱（Ge and Qiu，2007）发现，与国有企业相比，受到银行贷款限制的中国非国有企业，主要是由于融资性动机的驱使而使用了较多的交易信用。

在交易信用决策的影响因素方面，米恩和史密斯（1992）解释了影响交易信用政策选择的因素，如规模经济、信用评级、分销渠道、市场势力、季节性等；吴（Ng，1999）等实证研究了供需双方之间信息不对称、特定投资（如供需关系与声誉的投资）、规模经济等因素对信用政策选择的影响；威尔逊和萨默斯（Wilson and Summers，2002）进一步考虑信息对融资的影响与顾客的非对称谈判地位，分析小型企业的信用政策选择；菲斯曼和洛夫（Fisman and Love，2003）研究表明，在金融市场不够发达的国家中，交易信用形式的融资可能提供了一种替代性的资金来源，更多依赖交易信用融资的行业表现出了更高的增长速度。

交易信用与银行信贷之间具有非常密切的关系，彼得森和拉詹（1997）对美国3404家小规模企业样本的研究证明，不能从金融机构获得信贷的企业会使用较多的交易信用，而容易获得贷款的企业则会提供更多的交易信用，而比艾斯和戈利耶（Biais and Gollier，1997）的研究结果也支持了这一结论；库克（Cook，1999）通过对1995年俄罗斯352家企业的分析表明，正在使用交易信用的企业更可能获得银行信用；尼尔森（Nilsen，2002）发现银行贷款紧缩将迫使小型企业增加对交易信用的使用；丹尼尔森和斯科特（Daniel-son and Scott，2004）考察了银行贷款的可获得性对小型企业交易信用需求的影响，面临银行信贷约束的企业将会增加对交易信用融资的需求；伯卡特和艾林森（Burkart and Ellingsen，2004）的模型表明交易信用与银行信用可以是替代的或互补的，指出交易信用在欠发达的信贷市场中更加普遍。

表 2-1 列出了关于交易信用的基础理论研究文献。

表 2-1　　　　　　　交易信用的基础理论研究文献

交易信用的功能与作用	信号传递作用	史密斯（1987）、朗（1993）等、李和斯托（1993）、德罗夫和杰格斯（1996）、吴（1999）等
	价格歧视功能	彼得森和拉詹（1997）、派克（2005）等、布伦南（1988）、米恩和史密斯（1992）等
	交易成本优势	费里斯（1981）、米恩和史密斯（1992）、彼得森和拉詹（1997）等
	短期融资功能	施瓦茨（1974）、埃默里（1984）、彼得森和拉詹（1997）、葛和邱（2007）等
交易信用决策的影响因素		米恩和史密斯（1992）、吴（1999）等、威尔逊和萨默斯（2002）、菲斯曼和洛夫（2003）等
交易信用与银行信贷的关系		彼得森和拉詹（1997）、比艾斯和戈利耶（1997）、库克（1999）、尼尔森（2002）、丹尼尔森和斯科特（2004）、伯卡特和艾林森（2004）等

2.2

交易信用与运营决策交互关系研究综述

在运营管理领域，国内外也有大量的学术论文专门研究了交易信用，但基本上都是（供应商向零售商提供的）延期付款形式的交易信用。这个领域的相关研究文献可以进一步细分为两类：第一类文献是从单个企业的角度，研究了在供应商给定交易信用时零售商的最优订货、定价等运营决策，或者研究了当给定零售商订购策略时供应商的最优交易信用策略，这一类研究文献已非常多；第二类文献则从供应链管理的角度出发，将交易信用作为一个外生变量或决策变量，研究了一体化供应链的运营策略优化或者分散化供应链中的协调管理问题，这一类研究文献并不多见，主要出现在最近几年。

在第一类研究文献中，哈雷和希金斯（Haley and Higgins，1973）最早考察了企业库存策略与交易信用之间的交互关系；戈雅尔（Goyal，1985）进一步研究了给定供应商交易信用条件下零售商的最优订货策略。此后，很多学者分别考虑到不同的现实背景而放宽了戈雅尔模型的基本假设，主要从以下五个方面研究了给定交易信用条件下的企业运营决策问题：

（1）不考虑易腐物品与缺货。戴夫（Dave，1985）认为零售价应该高于采购价而修正了戈雅尔的模型；钱德和沃德（Chand and Ward，1987）将交易信用等价于一种价格折扣分析了同样的问题；金（Kim，1995）等研究了供应商如何设置信用期长度以最大化自身利润。希恩（Shinn，1996）等探讨了运输规模经济条件下零售商的定价与订货联合决策问题；钟（Chung，1998）提出了一个关于最优补货周期选择的定理，简化了戈雅尔模型的求解过程；滕（Teng，2002）认为一些信誉好的顾客应少订货以多频次地利用交易信用；钟和黄（Chung and Huang，2003）将戈雅尔模型推广到补货速率有限的 EPQ 模型；黄（2003）则将戈雅尔模型扩展到零售商同时向其顾客提供交易信用的情形；萨纳和乔杜里（Sana and Chaudhuri，2008）分析了在交易信用与价格折扣给定时，同时考虑各种确定性需求（分别依赖于库存水平、时间、价格）背景下的零售商最优采购策略；贾吉（Jaggi，2008）等假设需求是零售商提供信用期的函数，研究了两级交易信用下的库存决策问题；阿巴德和贾吉（Abad and Jaggi，2003）在需求对价格敏感的情况下研究了价格与信用期的联合决策；相关研究包括：阿赛鲁斯（Arce-lus，2003）、欧阳（Ouyang，2005）等、黄（2006，2007a，2007b）、邱昊（2007）、滕（2012）等，等等。

（2）考虑易腐物品但不允许缺货。阿加沃尔和贾吉（Aggarwal and Jaggi，1995）建立了需求率和腐败率均为常数时的确定性 EOQ 模型；黄和希恩（Huang and Shinn，1997）研究了产品腐烂呈指数衰减时的最优定价及批量决策问题；萨克尔（Sarker，2000）等提出了一个模型以帮助零售商进行订货周期与货款支付时间的决策；张（Chang，2001）等考虑企业面临线性时变需求且腐烂率可变时的最优库存策略；钟和黄（Chung and Huang，2007）通过建立一个库容有限的两货栈库存模型修正了黄（2003）的模型；廖（Liao，2007）研究了生产率有限条件下的易腐品 EPQ 模型；类似研究包括张和吴（Chang and Wu，2003）、滕（2005）等、廖（2012）等，等等。

（3）允许缺货发生的情形。贾马尔（Jamal，1997）等研究了允许缺货条件下易腐品的最优订货策略；张和戴伊（Chang and Dye，2001）提出了产品腐败率时变且短缺量部分拖后时的库存模型；欧阳（2006）等假设短缺量拖后率为等待时间减函数，建立了更一般化的 EOQ 模型；相关文献包括钟和黄（2009），等等。

（4）依赖于订货数量的情形。张（2003）等、钟和廖（2004）均假定当采购商订货数量满足事先给定值时，供应商才愿意提供交易信用，分析了采购商的最优订货数量及补货周期；希恩和黄（2003）处理了交易信用依赖于订货条件下零售商的最优价格与订货量决策问题；对于张（2003）等的模型，廖（2007）提出了一种更加简便的方法来选择最优订货策略；类似文献还有钟（2005）等、钟（2009），等等。

（5）考虑资金时值或通货膨胀。拉查玛杜古（Rachamadugu，1989）使用贴现现金流方法（DCF）分析了供应商的交易信用问题；廖（2000）等建立了需求率依赖初始库存量条件下的库存模型，讨论了通货膨胀率和产品腐烂率对最优策略及库存系统成本的影响；萨克尔（Sarker，2000）等考察了同时存在通货膨胀和资金时间价值条件下的采购商最优订购数量及缺货数量；张（2004）将通货膨胀率因素引入到张（2003）等的模型中，并设计了一种求解最优订货策略的简易算法；钟和廖（2006，2009）运用 DCF 方法研究了交易信用依赖于订货数量时的库存系统，等等。

总的来说，第一类研究文献的共同特点是以单个企业的成本最小化或利润最大化为决策目标，其中大多数研究的是给定供应商交易信用条件下零售商的最优订货或定价策略，少数文献从供应商的角度研究了交易信用政策的设置。然而，上述这些文献大都局限在单个企业的内部优化，虽然涉及了交易信用对企业运营决策的影响，但是没有从供应链管理的角度去研究交易信用与运营决策的交互关系，也很少在供应链环境下去考察交易信用对于成员企业利益的协调与激励作用。

在第二类研究文献中，一些学者从一体化供应链的角度，研究了交易信用协调下供应链成员企业的采购、生产、运输或定价等联合策略的优化或协作。其中，贾贝尔和奥斯曼（Jaber and Osman，2006）将交易信用视为供需双方共同的决策变量，研究结果表明，在交易信用与利润共享协调供应链时，零售商的最优订货批量比原来的经济订购批量更大；杨和魏（Yang and Wee，2006）建立了有限补货速率与价格敏感型需求下的易腐物品合作性库存系统，证明了交易信用是一种能实现对合作利润进行分享的双赢策略；陈和康（Chen and Kang，2007）提出了交易信用下供需双方一体化的库存模型，探讨了最优的补货时间间隔与补货频率以及成本节约的分配；何（Ho，2008）等假设需求对零售价格敏感且供应商提供两部交易信用（包括现金折扣和延期支付），研究了一体化供应链中的最优定价、订货、运输以及支付策略；欧阳（2008）等在交易信用政策和运费政策同时依赖于订货数量的条件下，构建了带有可变生产率和价格敏感需求的一体化库存模型；欧阳（2009）等、张（2009）等在交易信用依赖订货数量的条件下，通过建立具有价格敏感需求的一体化库存模型，来决定供需双方的最优订货及定价策略的选择。

此后，一些学者分别从产品质量缺陷、需求函数形式、交易信用政策等不同方面拓展了前面的一体化库存模型。例如，陈和康（2010a）进一步考虑了产品可能存在缺陷的情形，拓展了陈和康（2007）的模型；范格姆和厄菲库玛尔（Thangam and Uthayakumar，2009）将贾吉（2008）等的模型推广到了需求同时依赖销售价格和信用期的供应链环境中；陈和康（2010b）提出了两级交易信用政策下具有价格敏感需求的一体化库存模型；何（2011）研究了两级交易信用下需求依赖价格和信用期的一体化库存系统的最优策略；钟和廖（2011）进一步简化了何（2008）等的模型求解算法；萨格姆（2012）研究了提前支付方案与两级交易信用下的最优折扣与批量策略。相关研究文献还有：贾涛等（2009）、赵晓宇等（2011）、苏（Su，2012）、林（Lin，2012）等、索尼和帕特尔（Soni and Patel，2012），等等。

值得关注的是，首先，一些学者开始研究交易信用在分散化供应链中的激励与协调作用。其中，骆（Luo，2007）首次将交易信用作为供应商的一个激励变量，研究交易信用在供应链库存管理中的协调作用，并在相同模型环境下比较分析了交易信用与数量折扣的差异性。萨玛（Sarmah，2007，2008）等分别针对单个供应商与单个采购商、单个供应商与多个采购商的供应链结构，通过交易信用方案建立了供应链成员之间的利益分配协调机制；希恩和曹（Sheen and Tsao，2007）研究了如何利用交易信用协调供应链以及运费数量折扣对交易信用的影响；查拉苏吉和海达里（Chahar-sooghi and Heydari，2010）在模型中考虑了需求和提前期的不确定性，提出了一种基于交易信用的激励方案以协调采购商的订货数量与再订货点决策。这一方面的研究文献还包括：骆建文（2009）进一步研究了需求依赖价格时交易信用对供应链库存的协调与激励作用；于丽萍等（2009a）建立了随机需求下的交易信用契约协调模型；刘涛等（2009）给出了交易信用下易腐品的销售与订购策略；刘涛等（2010）分析了交易信用合同的效率，讨论了利益分配的三种协调策略；贾涛等（2011）研究了需求依赖库存条件下基于交易信用的供应链协调策略；胡劲松和胡玉梅（2011）考虑了模糊环境下的交易信用，等等。

其次，对于采购商可以通过投资缩短提前期的情形，李怡娜等（2008）探讨了可控提前期和交易信用条件下供应链库存的优化；阿尔坎和赫加齐（Arkan and Hejazi，2012）假设提前期与订购成本均可控，研究了卖方给予买方交易信用时的供应链协调；而对于多品种多层级的供应链，曹（2010）、黄等（2012）考察了交易信用与零售商促销努力下多品种供应链的协调；曹和希恩（2012）分析了多品种供应链协调下交易信用、补货与定价策略。

再次，有一些文献是从信息不对称的角度来研究交易信用协调机制。其中，于丽萍等（2008）在委托代理框架下研究了制造商向零售商提供交易信用的激励作用，设计了零售商销售努力信息非对称条件下的交易信用激励契约；张钦红（2009）、张钦红和骆建文（2009）在零售商面临资金约束且资金成本信息存在双边不完全时，研究了交易信用激励机制的融资作用及其外部性；骆建文和张钦红（2012）研究了采购商资金成本信息对称与非对称下交易信用对供应链的协调作用，结果表明在对称信息情形下交易信用能够协调供应链，而在非对称信息下交易信用可以使采购商获益但是不能协调供应链。

最后，还有一些文献将交易信用与其他协调契约进行组合以实现分散化决策供应链的协调。例如，于丽萍等（2009b）研究表明交易信用条件下的收入共享机制可以改进供应链的整体运作绩效；于丽萍和黄小原（2009）考察了一定交易信用条件下数量折扣策略在实现供应商与零售商对供应链总收益合理分配方面的作用；于丽萍等（2010）研究发现在制造商以提供交易信用、零售商以广告方式进行合作的情形下，可以通过两部定价契约协调供应链；马慧等

（2011）设计了随机需求下基于交易信用的回购与收入共享联合契约以实现供应链系统的协调。

表 2－2 列出了交易信用与运营决策交互关系的研究文献。

表 2－2　　　　交易信用与运营决策交互关系的研究文献

给定交易信用条件下的企业运营决策研究	零售商视角	不考虑易腐物品与缺货	哈雷和希金斯（1973）、戈雅尔（1985）、希恩等（1996）、钟（1998）、黄（2003）、邱昊（2007）、滕等（2012）
		考虑易腐物品但不允许缺货	阿加沃尔和贾吉（1995）、黄和希恩（1997）、萨克尔等（2000）、张等（2001）、廖等（2007，2012）
		允许缺货发生的情形	贾马尔（1997）、张和戴伊（2001）、欧阳等（2006）、钟和黄（2009）
		依赖于订货数量的情形	张等（2003）、钟和廖（2004）、希恩和黄（2003）、廖（2007）、钟等（2005，2009）
		考虑资金时值或通货膨胀	拉查玛杜古（1989）、廖等（2000）、萨克尔等（2000）、张（2004）、钟和廖（2006，2009）
	供应商视角		金等（1995）、阿巴德和贾吉（2003）、钟等（2005）
供应链环境下交易信用与运营策略研究	分散化供应链	基本模型	骆（2007）、萨玛等（2007，2008）、希恩和曹（2007）、骆建文（2009）、于丽萍等（2009a）、刘涛等（2009，2010）、贾涛等（2011）
		可控提前期情形	李怡娜等（2008）、阿尔坎和赫加齐（2012）
		考虑多品种情形	曹（2010）、黄等（2012）、曹和希恩（2012）
		信息非对称情形	于丽萍等（2008）、张钦红和骆建文（2009）、骆建文和张钦红（2012）
		交易信用与其他协调契约的联合	于丽萍等（2009b）、于丽萍和黄小原（2009）、于丽萍等（2010）、马慧等（2011）
	一体化供应链		贾贝尔和奥斯曼（2006）、杨和黄（2006）、陈和康（2007，2010a，2010b）、何等（2008）、欧阳等（2008，2009）、贾涛等（2009）、张等（2009）、何（2011）、钟和廖（2011）、赵晓宇等（2011）、萨格姆（2012）、钟（2012）、苏（2012）、林等（2012）、索尼和帕特尔（2012）

2. 3

供应链协调机制研究综述

现实中，供应链是由若干个经济利益相对独立的企业通过合作或联盟关系所组成的分散化供应链。供应链成员往往以自身利益的最大化为目标进行决策，然而，每个成员的策略选择对供应链系统来说不一定是最优的，进而可能损害整个供应链的运作效率。因此，需要设计有效的协调机制去引导供应链成员的行为，使分散化供应链达到与集中化供应链同样的绩效。目前很多学者对供应链管理中的协调机制进行了研究，主要可以归纳为两大类：确定需求下的供应链协调机制和随机需求下的供应链协调机制。

2.3.1 确定需求下的供应链协调机制研究

现实中，数量折扣是一种被人们经常采用的供应链协调机制，已经引起了学术界与企业界的广泛关注。在确定需求环境下，大多数文献研究的是供应商向采购商提供的数量折扣（或价格折扣）对供应链的协调作用。首先，莫纳汉（Monahan，1984）较早发现，供应商可以通过提供一个数量折扣方案，激励采购商增加订货批量。

其次，不少学者通过放宽模型的不同假设而拓展了莫纳汉（1984）的模型。例如，李和罗森布拉特（Lee and Rosenblatt，1986）从两个方面拓展了莫纳汉（1984）的数量折扣定价模型，一是明确增加了一个折扣额度的约束；二是放宽了供应商采取"批对批（lot-for-lot）"策略的假设。班纳吉（Banerjee，1986）在考虑供应商的库存持有成本后将莫纳汉（1984）的模型推广到了一般化的形式；戈雅尔（1987）指出当供应商的目标是增加自身利润时，折扣额度约束是不合理的，并为供应商决定最优订货与定价策略提出了一个更加简单的方法；乔格勒克尔（Joglekar，1988）研究表明，如果供应商的生产准备成本充分高于采购商的订购成本，那么供应商合理的生产频次将不会等于采购商的订货频次。

需求依赖价格条件下的供应链协调问题也得到了比较多的研究。相关理论文献包括：帕拉尔和王（Parlar and Wang，1994）、阿巴德（1994）、翁（Weng，1995a）、翁（1995b）、维斯瓦纳坦和王（Viswanathan and Wang，2003）、谢（Hsieh，2010）等、刘（Lau，2012）等，等等。

还有少数文献分别从多级供应链、需求不确定、不对称信息、易腐性物品、或者无缺陷退货等角度，研究了数量折扣机制下的供应链协调管理问题。相关研究文献包括：科贝特和格罗特（Corbett and Groote，2000）、芒森和罗森布拉特（Munson and Rosenblatt，2001）、李和刘（Li and Liu，2006）、张钦红和骆建文（2007）、安恰和骆建文（2007）、黄等（2011），等等。

上述研究都是基于单一供应商与单一采购商组成的供应链结构，而有一些学者则考察了由单个供应商与多个采购商组成的供应链的协调问题。相关研究文献包括：翁和王（1993）、王和吴（2000）、王（2002）、辛哈和萨玛（Sinha and Sarmah，2010）、奎肯（Krichen，2011）等、陈和李（2012），等等。

值得一提的是，本顿和帕克（Benton and Park，1996）、芒森和罗森布拉特（1998），以及萨玛等（2006）对确定需求下的供应链数量折扣协调机制分别进行了比较详细的综述。

2.3.2　随机需求下的供应链协调机制研究

在随机需求环境下，大多数文献在报童框架内研究了供应链的协调机制，主要包括以下几种类型的协调契约：回购契约（buy-back contract）、收益共享合同（revenue-sharing contract）、数量柔性契约（quantity-flexibility contract）、销售返利合同（sales-rebate contract）、数量折扣合同（quantity-discount contract），等等。卡琛（Cachon，2003）对这些供应链协调机制方面的文献进行了比较详细的梳理和总结。

回购契约是指采购商在销售季节末将没有卖完的剩余产品以低于批发价的价格退回给供应商。回购契约也可以被称为退货策略，但是回购契约并不意味着真正的退货，有时可给予降价补贴让采购商就地处理积压库存。相关研究文献包括巴斯特马克（Pastemack，1985）、埃蒙斯和吉尔伯特（Emmons and Gilbert，1998）、曼特拉和拉曼（Mantrala and Raman，1999）、蔡（Tsay，2002）、莫斯塔德（Mostard，2005）等、侯（Hou，2010）等、谢和陆（Hsieh and Lu，2010）、熊（Xiong，2011）等，等等。

收益共享合同在影像租赁行业中应用广泛，是指供应商以低于成本的批发价向采购商转移产品，采购商在销售季节末将部分收入返还给供应商。卡琛和拉里维埃（Cachon and Lariviere，2005）证明收益共享合同能够协调供应链，且等价于回购契约和价格折扣。相关研究文献包括姚（Yao，2008）等、肖（Xiao，2011）等、克里希南和温特（Krishnan and Winter，2011），等等。

数量柔性契约是指采购商在了解市场实际需求后，可以在销售季节开始之前所预订数量的基础上对订货量进行一定范围内的调整。相关研究文献包括蔡（1999）、卡琛和拉里维埃（2001）、普兰贝克和泰勒（Plambeck and Taylor，2005）、金和吴（2012），等等。

销售返利合同主要表现为两种形式：一种是线性返利，即供应商给予采购商所有销量一定比例的返利；另一种是目标返利，即当最终销量超过一定目标水平时，供应商将对采购商的增量部分给予一定比例的返利。例如，泰勒（2002）考察了目标返利对需求依赖销售努力供应链的协调作用，指出目标返利较线性返利而言更有优越性。

数量折扣合同是指供应商根据采购商订货规模的大小给予相应的价格折扣，在现实中数量折扣有很多种形式，比较常见的有全单位折扣或增量单位折扣。相关研究文献包括：翁（2004）、刘等（2007）、伯恩塔斯（Burnetas，2007）、李和李（Lee and Rhee，2010），等等。

此外，采购商在销售季节末或销售季节内往往可以进行第二次订货，即所谓的二次订货策略。在相关研究中，刘和刘（Lau and Lau，1997）探讨了报童类型产品的两次订货问题，发现二次订货策略能有效改善渠道利润；多诺霍（Donohue，2000）设计了关于退货价格和二次订货价格的联合契约以实现供应链协调；翁（2004）假设采购方在销售周期末可以进行二次订货，提出了数量折扣策略协调采购商的订货；肖等（2010）考察了滞销补贴与促销契约如何协调订货和促销投资。当然，除了上述典型的协调契约外，在供应链管理实践中，还涌现出了其他协调机制，比如期权契约、备货合同、产能预定合同，等等。

2.4

现有文献的评述

通过对交易信用和供应链协调机制研究现状的分析不难发现，目前学术界在交易信用的基础理论、交易信用与运营决策交互关系、供应链协调机制等方面进行了较多的研究，并取得了大量的实质性成果，但仍有不少需要解决的理论问题尚未得到应有的关注，在交易信用与供应链协调机制的交叉研究领域存在以下几点不足：

（1）交易信用在供应链协作管理中激励作用的研究十分缺乏。交易信用作为一种激励机制在实践中得到了广泛应用，很多企业通过制定交易信用政策来影响合作伙伴的运营决策，进而实现整个供应链的协作管理。然而，大多数文献在研究交易信用与运营决策交互关系时，往往忽视了交易信用的激励作用，而将其视为给定的外生变量。

（2）以提前付款期限作为内生变量的交易信用激励机制很少得到关注。提前付款作为交易信用的另一种形式，也是伴随物流与资金流的非同步化运作而经常发生的。目前，在运营管理领域中关于企业采购/库存决策问题的研究几乎没有将提前付款的激励作用纳入模型分析，而仅仅分析了延期付款的激励作用。实际上，当供应商的资金利用效率更高时，提前付款形式的交易信用作为激励机制的独特优势更能显现出来。

（3）交易信用与其他协调契约构成的组合激励机制的研究还比较少见。已有研究表明，当需求依赖价格或销售努力等因素时，回购、数量柔性、销售返利等传统契约无法协调供应链。因此，需要灵活设计一种有效可行的组合激励机制，以实现给定需求环境下分散式供应链的完全协调。目前，交易信用（包括提前付款和延期付款）与其他协调契约构成的组合激励机制的研究还比较少见，而这也是本书将要研究的重要问题。

第 3 章

基于数量折扣的供应链
交易信用激励机制研究

　　本章基于单个制造商与单个零售商组成的两级供应链，在制造商向零售商提供一定数量折扣的条件下，设计了零售商向制造商提前支付货款的交易信用激励机制，分析了分散化决策供应链中零售商订货策略的协作控制问题，在不同的机会投资收益率情形下考察了供应链交易信用激励机制的合理设置，得到了供应链成员的最优订货批量、最优提前支付信用期，以及供应链系统的最优利润增量。

3.1

引言

　　从制造商的角度来看，延期付款能够作为一种非价格竞争手段鼓励下游销售企业增加采购数量，提高存货周转率和扩大市场份额。但是，许多凭借生产资源垄断、规模经济、品牌优势或者专利技术而取得强势支配地位的制造商，往往可以要求零售商提前支付货款（或者部分货款），以筹集生产要素投入所需要的资金、妥善安排生产计划、保证生产平稳运行或者改善自己的经营性现金流等。

以格力空调为例，多年以来，属于资金密集型空调行业的格力电器公司制定和实施了相关的预付款优惠政策（业内称之为淡季返利策略）。该营销策略的核心内容是：在空调销售淡季的时候（通常是每年9月至次年2月），通过预付款可以享受更多折扣优惠的销售方式（而且不同月份的定价又有所不同）鼓励下游的经销商提前打款，即便在旺季提货也可以同样享受淡季优惠价。此外，一些经销商在销售季节来临前的产品订货会上可能会被动地接受强势生产厂家的大量压货，还可能会因为预计产品适销对路，或热销经久不衰而主动向制造商预付定金以获得品牌区域独家代理的资格。因此，提前付款作为交易信用的另一种表现形式，也是企业在商业贸易中进行短期融资的主要途径之一。

近些年来，随着供应链管理实践的发展，学术界开始逐步重视交易信用对于供应链的协调或激励作用，研究企业如何制定合理的交易信用政策以协调整个供应链。但是，正如前文所述，现有文献主要集中于研究延期付款形式的交易信用在供应链管理中的激励补偿或利益分配作用，尚未考虑到提前付款形式的交易信用对相关企业订货行为的影响，忽略了供应链管理环境下提前付款策略对供应链成员的激励与协调作用。因此，将提前付款形式的交易信用作为一种激励机制，充分地发挥交易信用对供应链中的上下游成员企业的激励与补偿作用，对于进一步研究分散化决策供应链的协作管理具有十分重要的理论意义与实际价值。

基于商业实践背景和现有理论成果，本章着重将企业经常使用的提前付款形式的交易信用作为一个激励变量，在制造商向零售商提供既定数量折扣的条件下，考察了制造商通过设计一种合理且有效的交易信用激励机制，对下游零售商的采购行为加以协调与控制，从而使得分散化决策供应链的运作效率得以提升。并且，制造商与零售商通过对供应链系统的最优利润增量的公平分配改善了各自的利润境况，实现了供应链成员各方互利共赢的协作目标。

3. 2

问题描述与模型假设

基于表 3 - 1 中的相关符号设定，以及采用与库存控制理论中经典的经济订货批量（economic order quantity，EOQ）模型相同的假设，如不允许缺货，提前期为零等。我们可以建立零售商的年平均总利润函数模型为：

$$TBP(Q) = (p - w)D - \frac{D}{Q}s_b - \frac{Q}{2}h_b \qquad (3 - 1)$$

在式（3 - 1）中，第一项为零售商的销售收入减去采购成本，与采购数量有关；第二项是零售商的订购准备成本，与订购次数相关；第三项是零售商的库存持有成本。

容易证明，$TBP(Q)$ 关于 Q 的二阶导数 $TBP''(Q) = -2Ds_b/Q^3 < 0$。因此，对零售商的目标利润函数进行最优化处理，存在唯一的最优初始订货量 $Q_0 = \sqrt{2Ds_b/h_b}$。将 Q_0 代入式（3 - 1）中的零售商利润表达式，进而得到零售商的最大年平均总利润为：

$$TBP_0 = (p - w)D - \sqrt{2Dh_bs_b} \qquad (3 - 2)$$

假设制造商采取"批量对批量"（lot-for-lot）的供货策略来应付零售商的订单需求。于是，制造商的年平均总利润函数为：

$$TVP(Q) = (w - c)D - \frac{D}{Q}s_v - \frac{D}{P} \times \frac{Q}{2}h_v \qquad (3 - 3)$$

那么，再将 Q_0 代入式（3 - 3）。整理后，得到制造商的初始年平均总利润为：

$$TVP_0 = (w - c)D - \frac{Ph_bs_v + Dh_vs_b}{2Ph_bs_b}\sqrt{2Dh_bs_b} \qquad (3 - 4)$$

值得指出的是，如果令 $TVP(Q)$ 对 Q 的一阶导数等于零，那么可以求解得到制造商希望的最优生产量 $\overline{Q} = \sqrt{2Ps_v/h_v}$。并且，二阶充分条件 $TVP''(Q) = -2Ds_v/Q^3 < 0$。正如班纳吉（1986）所论述的，通常在现实中，与零售商相比，制造商的订单处理或生产准备成本一般要高些，而库存持有成本往往会较低。也就是说，关系式 $s_v > s_b$ 和 $h_b > h_v$ 通常是成立的。从而，有 $Ps_v/h_v > Ds_b/h_b$，进而，不难获知 $Q_0 < \overline{Q}$。

表 3 - 1　　　　　　　　　　　　符号含义

符号	含义	符号	含义
D	市场年平均需求率	P	制造商的年生产速率，且 $P > D$
p	单位产品的零售价格	w	单位产品的批发价格
c	单位产品的生产成本	Q	零售商的订货数量
s_v	制造商的生产准备成本	s_b	零售商的订购准备成本
h_v'	制造商的单位库存年保管成本，不包括资金占用成本	h_b'	零售商的单位库存年保管成本，不包括资金占用成本
i_v	制造商资金的年机会投资收益率	i_b	零售商资金的年机会投资收益率
h_v	制造商的单位库存年持有成本，有 $h_v = h_v' + ci_v$	h_b	零售商的单位库存年持有成本，有 $h_b = h_b' + wi_b$
β	制造商给予零售商的价格折扣率	Q_0	零售商的初始订货批量
t	制造商要求（允许）零售商提前支付（延期支付）的信用期	K	零售商初始订货量的倍数，且 $K \geqslant 1$
TVP	制造商的年平均总利润	TBP	零售商的年平均总利润

由此可见，该初始订货批量 Q_0 只是零售商单方面做出的局部最优决策，对于制造商而言，并不是最优的订货策略选择，因而无法实现整个供应链协作管理的目标。于是，我们接下来将在给定制造商向零售商提供数量折扣的条件下，设计和选择交易信用激励机制，以对下游零售商的订货策略或行为进行有效的协调与补偿激

励，使得制造商与零售商双方都能实现各自利润的改善。

在数量折扣既定的条件下，我们设计以下的供应链交易信用激励机制：首先制造商对零售商采购的全单位产品提供折扣率为 β 的价格优惠，然后引导零售商将订货数量增加至初始订货量的 K 倍，即为 KQ_0，并且要求零售商向制造商提前 t 单位时间（年）支付货款。那么，制造商在年内可以赚取一笔额外的机会投资收益 $(1-\beta)wDi_vt$ 作为补偿，而零售商在获得采购成本降低好处的同时，则承担了相应的资金机会成本 $(1-\beta)wDi_bt$。因此，在引入供应链交易信用激励机制之后，制造商面临的最优化控制问题可以被描述为以下的数学规划模型：

$$\underset{t,K}{\operatorname{Max}} TVP = \left[(1-\beta)w-c\right]D - \frac{D}{KQ_0}s_v - \frac{D}{P}\times\frac{KQ_0}{2}h_v + (1-\beta)wDi_vt$$

$$(3-5)$$

$$\text{s. t. }\begin{cases} \left[p-(1-\beta)w\right]D - \frac{D}{KQ_0}s_b - \frac{KQ_0}{2}h_b - (1-\beta)wDi_bt \geqslant TBP_0 \\ t\geqslant 0,\ K\geqslant 1,\ 0\leqslant\beta<1-c/w \end{cases}$$

$$(3-6)$$

3. 3

数量折扣条件下的交易信用激励机制

本节将在制造商向零售商提供既定数量折扣的条件下，深入分析在采用了交易信用激励机制后，供应链成员如何对订货批量，以及提前支付信用期等策略作出最优选择，从而使得制造商能够在保证零售商的年平均总利润不减少的前提下，获得与年初始利润相比更多的新增利润，并且讨论制造商与零售商如何通过对新增利润的合理分配进而实现各自利润境况的改善。

3.3.1 最优订货批量与提前支付信用期决策

由前文构建的数学规划模型可知，制造商在选择最优策略以最大化自身的年平均总利润之前，首先需要考虑零售商的参与约束（或者个体理性约束）。因此，将零售商的初始最优利润 TBP_0（可以视为零售商的保留利润）代入式（3-6），并且移项相除后，有

$$t \leqslant \frac{2D[\beta wKQ_0 + (K-1)s_b] - (K-1)KQ_0^2 h_b}{2(1-\beta)KDQ_0 wi_b} \quad (3-7)$$

再将零售商的初始最优订货量 $Q_0 = \sqrt{2Ds_b/h_b}$ 代入式（3-7），可以得到制造商所能要求的最长提前支付信用期为：

$$t_{\max}(K) = \frac{\beta}{(1-\beta)i_b} - \frac{K+1/K-2}{(1-\beta)wi_b}\sqrt{\frac{h_b s_b}{2D}} \quad (3-8)$$

再将 Q_0 和式（3-8）一并代入式（3-5），经整理后，不难得到：

$$\max TVP(K) = \frac{\{\beta wi_v + [(1-\beta)w - c]i_b\}D}{i_b}$$

$$- \frac{Ph_b i_b s_v + (K-1)^2 Ph_b i_v s_b + h_v i_b s_b DK^2}{i_b PK}\sqrt{\frac{D}{2h_b s_b}}$$

$$(3-9)$$

求上式中制造商年平均总利润函数 $TVP(K)$ 关于零售商订货量倍数 K 的一阶导数，并且令其等于零，有

$$\frac{Ph_b i_b s_v - [(K^2-1)Ph_b i_v + K^2 Dh_v i_b]s_b}{i_b s_b PK^2}\sqrt{\frac{Ds_b}{2h_b}} = 0 \quad (3-10)$$

另外，根据式（3-9），可以获知制造商年平均总利润函数 $TVP(K)$ 关于零售商订货量倍数 K 的二阶导数为：

$$\frac{d^2 TVP(K)}{dK^2} = -\frac{i_v s_b + i_b s_v}{i_b K^3}\sqrt{\frac{2Dh_b}{s_b}} < 0 \quad (3-11)$$

由此可见，制造商的年平均总利润函数 $TVP(K)$ 是一个关于 K 的严格凹函数，故知最优解 K^* 是存在且唯一的。那么，对式（3-10）进行求解，从而得到下面的命题3-1。

命题3-1 从制造商的角度而言，制造商希望零售商增加的最优订货量倍数为：

$$K^* = \sqrt{\frac{(i_v s_b + i_b s_v) Ph_b}{(Ph_b i_v + Dh_v i_b) s_b}} \tag{3-12}$$

那么，供应链交易信用激励机制下零售商的最优订货量为：

$$Q^* = K^* Q_0 = \sqrt{\frac{2PD(i_v s_b + i_b s_v)}{Ph_b i_v + Dh_v i_b}} \tag{3-13}$$

如前所述，关系式 $s_v > s_b$ 和 $h_b > h_v$ 一般是成立的，进而有 $Ph_b s_v > Dh_v s_b$。因此，可知命题 3-1 中的 $K^* > 1$，能够满足式（3-6）中的约束条件。特别地，当制造商的生产速率趋向于无穷大，即当 $P \to \infty$ 时，有 $\lim_{p \to \infty} K^* = \sqrt{1 + \frac{i_b s_v}{i_v s_b}} > 1$。

根据上述命题 3-1，容易验证 $\partial Q^* / \partial s_v > 0$，$\partial Q^* / \partial s_b > 0$，$\partial Q^* / \partial h_v' < 0$，$\partial Q^* / \partial h_b' < 0$，$\partial Q^* / \partial P > 0$，$\partial Q^* / \partial D > 0$，以及 $\partial Q^* / \partial i_v < 0$。从而，得到下面的命题 3-2。

命题3-2 在其他参数不变的条件下，随着①制造商生产准备成本或零售商订购准备成本的增加，②或者制造商和零售商的库存保管成本的下降，最优订货批量将会增加；而随着③市场需求率的增大和生产速率的提高，④或者制造商机会投资收益率的降低，最优订货批量也会增加。

对命题 3-2 可以做出以下解释：给定其他参数的值不变，首先，当每次生产/订购的准备成本增加或者单位库存保管成本下降时，采取少频次、大批量的生产（订货）策略是明智的；其次，当市场平均需求率增大时，为了避免因供不应求而丧失销售机会，零售商自然愿意采购更多的适销对路的产品；再次，如果制造商的生产速率提高，意味着制造商的生产（或供应）能力扩大，那么制造商可以满足零售商向其采购更多数量的产品；最后，当制造商的机会投资收益率下降时，说明库存货物占用资金而导致的机会损失将会变少，那么制造商可以要求零售商增加订货批量，这样在只需付出较少库存保管成本的同时，更多地降低了生产准备成本或订单处理成本。

将命题 3 – 1 中的最优订货量倍数 K^* 代入式（3 – 8），即得到对于给定的折扣率 β，制造商要求零售商提前支付的最优信用期长度为 t^*。容易知道，当 $\beta \geqslant \bar{\beta} = \dfrac{(K^*-1)^2}{wK^*}\sqrt{\dfrac{h_b s_b}{2D}}$ 时，$t^* \geqslant 0$。该条件表明，只有当制造商给予零售商的折扣比例达到一定程度时，制造商才能有效地诱使零售商增加订货数量和提前支付货款，从而获得生产开工成本节约与相应的机会投资收益。否则，当 $0 < \beta < \bar{\beta}$ 时，制造商在对零售商订购的全单位产品给予适度价格优惠的同时，允许零售商在货物送达后延迟一段时间结清全部货款，即在数量折扣给定条件下，还引入延期付款形式的交易信用来激励零售商增加采购数量。

继续将 K^* 代入式（3 – 9），并经整理后，得到下面的命题 3 – 3。

命题 3 – 3 通过设计基于数量折扣的交易信用激励机制，可以保证零售商的年平均总利润不会减少，同时制造商能够获得的最大年平均总利润为：

$$TVP^* = \left[(1-\beta)w - c\right]D + \left(\beta wD + \sqrt{2Dh_b s_b}\right)\frac{i_v}{i_b}$$
$$- \frac{\sqrt{2PD(Ph_b i_v + Dh_v i_b)(i_v s_b + i_b s_v)}}{Pi_b} \qquad (3-14)$$

根据式（3 – 14），继续考察折扣率 β 对制造商最优利润 TVP^* 的影响。那么，求 TVP^* 关于 β 的一阶偏导数，得到 $\dfrac{\partial TVP^*}{\partial \beta} =$

$\left(-1 + \dfrac{i_v}{i_b} \right) wD$。显然，当制造商的机会投资收益率 i_v 小于零售商的机会投资收益率 i_b 时，有 $\partial TVP^* / \partial \beta < 0$。因此，制造商不需要提供全单位的数量折扣去鼓励零售商增加订货批量和提前付款。这也意味着当制造商的机会投资收益率更高时，将会积极地向下游零售商提供数量折扣，以激励零售商扩大采购规模和提前支付货款，进而获取更多的生产准备成本节约和机会投资收益。

将式（3-14）和式（3-4）两式相减，然后经过一些比较烦琐的代数运算，进而可以得到下面的命题 3-4。

命题 3-4　在基于数量折扣的供应链交易信用激励机制的协调作用下，与初始情形相比，制造商可以获得的最大年平均总利润增量为：

$$\Delta TP = \left(\frac{i_v}{i_b} - 1 \right) \beta wD + \frac{\left(\sqrt{(i_b s_v + i_v s_b) Ph_b} - \sqrt{(Ph_b i_v + Dh_v i_b) s_b} \right)^2}{Pi_b} \sqrt{\frac{D}{2h_b s_b}}$$

$$(3-15)$$

命题 3-4 告诉我们，当制造商的机会投资收益率大于（或等于）零售商的机会投资收益率时，采用基于数量折扣的交易信用激励机制（β，t），制造商（或整个供应链）可以获得相应的年平均总利润增量。如前所述，当制造商的机会投资收益率比零售商的更低时，制造商不需要为了鼓励零售商增加订货而提供相应的数量折扣。此外，由式（3-8）可知，当 $\beta = 0$ 时，信用期 $t_{max} < 0$，即为负值。也就是说，在这种情况下，制造商可以反过来向零售商提供延期付款形式的交易信用，进而继续对零售商的订货行为进行激励与协调控制。理论上，对于供应链系统来说，某一方成员企业的机会投资收益率越高，则意味着该成员企业对资金的利用效率也更高，如果将该笔货款优化地配置给该企业，那么就充分地利用货币资金的时间价值从而改善整条供应链的运作绩效。

3.3.2 依赖讨价还价能力的系统新增利润分配

由命题 3 - 4 可知，供应链交易信用激励机制能够使得制造商在满足零售商参与约束的前提条件下，获得了更大的年平均总利润。那么，只要双方对上述利润增量加以合理分配，制造商和零售商的利润境况与初始情形相比都能得以改善。当然，该额外利润的分配（或共享）比例则取决于制造商与零售商之间的地位和议价能力对比，以及风险规避程度等多重因素。为了具体地刻画决策主体的风险规避态度，参见文献尼克尔森和斯奈德（Nicholson and Snyder，2008），假设制造商与零售商各自的幂效用函数分别为：

$$U_1(\Delta TVP) = (\Delta TVP)^{1-\alpha}/(1-\alpha) \qquad (3-16)$$

$$U_2(\Delta TBP) = (\Delta TBP)^{1-\alpha}/(1-\alpha) \qquad (3-17)$$

其中，ΔTVP 和 ΔTBP 分别是制造商与零售商各自获得的利润增量，且 α 为正常数。由于 $\alpha = -\Delta TVP \dfrac{U_1''(\Delta TVP)}{U_1'(\Delta TVP)} = -\Delta TBP \dfrac{U_2''(\Delta TBP)}{U_2'(\Delta TBP)}$。因此，按照普拉特（1964）给出的定义，$\alpha$ 是制造商和零售商的相对风险规避度。继续假定权重 λ_1 和 λ_2 分别表示制造商和零售商的讨价还价能力，有 $\lambda_1 + \lambda_2 = 1$。那么，依据罗斯（Roth，1979）中的非对称纳什讨价还价理论，最大化整个供应链系统的效用函数（即制造商与零售商效用函数的加权之和），有：

$$\max U_s(\Delta TVP, \Delta TBP) = \lambda_1 U_1(\Delta TVP) + \lambda_2 U_2(\Delta TBP)$$

$$= \lambda_1 [(\Delta TVP)^{1-\alpha}/(1-\alpha)]$$

$$+ \lambda_2 [(\Delta TBP)^{1-\alpha}/(1-\alpha)] \qquad (3-18)$$

$$\text{s. t. } \Delta TVP + \Delta TBP = \Delta TP \qquad (3-19)$$

将上面的等式约束代入式（3 - 18），并且令 $\partial U_s/\partial(\Delta TVP) = 0$ 和 $\partial U_s/\partial(\Delta TBP) = 0$，联立求解该方程组，不难得到下面的命题 3 - 5。

命题 3 - 5 在基于数量折扣的交易信用激励机制中，通过非对称纳什（Nash）讨价还价，制造商和零售商各自的年平均利润增量分别为：

$$\Delta TVP = \left[\frac{(\lambda_1/\lambda_2)^{1/\alpha}}{1 + (\lambda_1/\lambda_2)^{1/\alpha}} \right] \times \Delta TP \qquad (3-20)$$

$$\Delta TBP = \left[\frac{(\lambda_2/\lambda_1)^{1/\alpha}}{1 + (\lambda_2/\lambda_1)^{1/\alpha}} \right] \times \Delta TP \qquad (3-21)$$

显然，制造商或零售商所能分享的供应链系统的利润增量取决于各自的讨价还价能力与相对风险规避程度。由命题 3-5 可知，在 $\lambda_1 > \lambda_2$ 的情况下，随着 α 的变小，制造商分享到的利润增量所占的份额将会增大；反之亦然。这表明当双方对风险的厌恶程度较小时，制造商可以充分利用自身的支配地位谋取更多的利润份额。

特别地，根据罗比塔（L'Hospital）法则，容易知道，当 $\alpha \to 0$ 时，有 $\Delta TVP \to \Delta TP$，从而有 $\Delta TBP \to 0$。此外，供应链中某个成员企业拥有的地位和势力越高或者讨价还价能力越强，那么该企业获得供应链系统新增利润的份额就越大；当然，在 $\lambda_1 = \lambda_2$ 时，双方则会共同平分供应链系统的最优利润增量。

3.4

数值分析

现对本章所构建模型中的相关参数做出以下假定：$P = 5000$ 件/年，$D = 2000$ 件/年，$p = 45$ 元/件，$w = 30$ 元/件，$c = 20$ 元/件，$s_v = 1500$ 元/次，$s_b = 500$ 元/次，$h'_v = 5$ 元/件·年，$h'_b = 10$ 元/件·年，$i_v = 0.30$/年，$i_b = 0.20$/年，$\lambda_1 = \lambda_2 = 0.5$，$\alpha = 0.6$，$\beta = 0.05$。

基于上述已知数据，图 3-1 和图 3-2 在不同的生产准备成本情形下，对最优订货批量分别关于市场平均需求率和零售商订购准备成本的敏感性进行了分析。

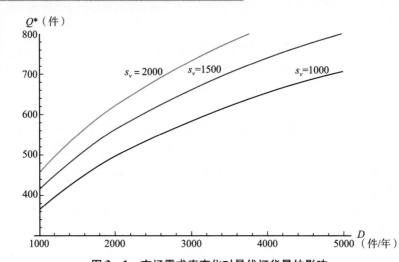

图 3 – 1   市场需求率变化对最优订货量的影响

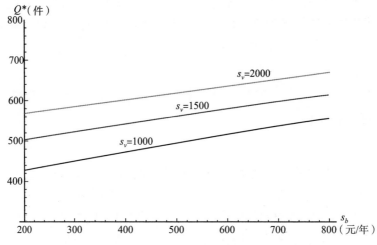

图 3 – 2   零售商订购成本变化对最优订货量的影响

从图 3 – 1 可以看出，当市场需求的速率逐步增大时，零售商的最优订货数量也随之增加。虽然订货量表现出比较陡峭的上升趋势，但是增加的速度却是递减的。并且，对于任意给定的市场需求率，制造商的订单处理成本和生产准备成本越高，零售商相应的最优订货数量也就越多。

图3-2清楚地说明，随着零售商的订购准备成本的上升，零售商的最优订货数量以近乎线性的形态逐渐递增。而且，如果制造商的生产准备成本或订单处理成本越高，那么制造商所要求的零售商最优订货批量也越大。

图3-3和图3-4在不同市场需求率情形下分别考察了制造商的生产速率和机会投资收益率的变化对零售商最优订货批量的影响。其中，图3-3表明，在给定其他参数不变的条件下，随着制造商生产速率的提升，零售商的最优订货量将会缓慢地增加，并且对于给定的制造商生产速率，最优订货批量随着市场需求的增大而显著增加。

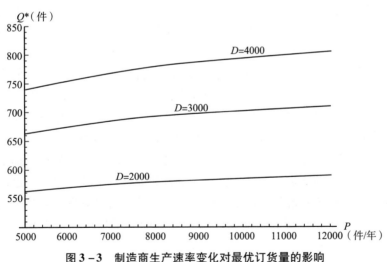

图3-3　制造商生产速率变化对最优订货量的影响

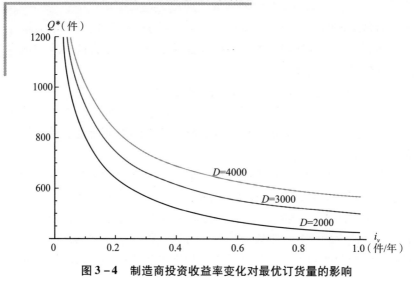

图 3 - 4　制造商投资收益率变化对最优订货量的影响

　　图 3 - 4 则显示了在制造商的机会投资收益率上升时，零售商的最优订货批量将会减少，但是订货量的减少呈现出逐渐放缓的趋势。究其原因，是由于机会投资收益率的上升导致库存占用制造商资金的机会成本增加，所以制造商要求零售商减少订货批量以便将库存控制在适当的水平，进而减少库存货物对流动资金的占用。

　　表 3 - 2 中的数值结果表明，在基于数量折扣的交易信用激励机制的作用下，如果制造商的机会投资收益率比零售商的更高，那么制造商可以通过提供数量折扣以激励零售商增加订货数量和提前支付货款，从而加快生产运营资金周转和提高资金利用效率，进而给整个供应链系统带来更多的利润增量，并且通过对系统额外利润的合理分配，使得制造商与零售商各自的年平均总利润增加。例如，在 $i_v = 0.3$ 和 $i_b = 0.1$ 的情形下，制造商与零售商的利润增加幅度分别高达 30.41% 和 14.03%。然而，在零售商的机会投资收益率更高的时候，制造商不愿意给予零售商数量折扣（即 $\beta = 0$），而愿意通过向零售商提供延期付款形式的交易信用（如阴影部分所

示），使得零售商一方可以充分发挥资金利用效率较高的优势，最终也实现了供应链成员利润境况的帕累托改进。

表 3 − 2　　　　机会投资收益率变化对最优策略及利润增幅的影响

i_v	i_b	订货倍数	订货数量	信用期	协调前的利润（元）		制造商最优利润（元）	制造商利润增幅（%）	零售商利润增幅（%）
					制造商	零售商			
0.10	0.10	1.81	712	0.36	11802.3	24901.0	13856.2	8.70	4.12
	0.20	2.28	805	−0.17	11019.7	24343.1	14133.6	14.13	6.40
	0.30	2.63	854	−0.17	10299.2	23835.6	14251.7	19.19	8.29
0.20	0.10	1.48	581	0.46	11645.5	24901.0	15993.4	18.67	8.73
	0.20	1.81	639	0.17	10878.3	24343.1	13134.9	10.37	4.63
	0.30	2.07	671	−0.09	10169.4	23835.6	13187.7	14.84	6.33
0.30	0.10	1.34	526	0.49	11488.6	24901.0	18476.0	30.41	14.03
	0.20	1.59	563	0.21	10736.9	24343.1	13997.8	15.19	6.70
	0.30	1.80	585	0.11	10039.6	23835.6	12482.3	12.17	5.12

3.5

本章小结

本章针对由一个制造商与一个零售商组成的两级供应链结构，在制造商为了加快生产营运资金周转而向零售商提供一定数量折扣的条件下，通过设计和制定要求零售商提前付款的供应链交易信用激励机制，对分散化决策供应链中零售商的订货策略进行了良好协调与有效控制，得到了交易信用激励机制作用下供应链成员的最优订货数量和最优提前支付信用期，以及供应链系统的最优利润增量。

我们研究发现：给定其他参数不变，随着生产速率的提高，或者市场需求的增大，又或零售商订购准备成本的上升，抑或制造商机会投资收益率的下降，零售商的最优订货批量将会增加。而且，交易信用激励机制的合理设置还需要考虑双方机会投资收益率的相对大小。一方面，当制造商的机会投资收益率比零售商的更高时，制造商与零售商通过提前付款形式的交易信用，能够实现整个供应链系统的协作控制；另一方面，在零售商的机会投资收益率相对较高的时候，制造商不需要为了激励零售商增加订货数量而给予零售商数量折扣。此时，制造商可以反过来向零售商提供延期付款形式的交易信用，进而对零售商的采购策略或订货行为加以协调与控制。并且，通过对供应链系统的最优利润增量的平均分配，制造商与零售商同时实现了各自年平均总利润的改善。

希望本章的理论研究能为供应链中相关企业的采购策略选择与交易信用期限的决策提供新的思路或启示。进一步的研究可以把本章的模型推广到由多个制造商与多个零售商组成的供应链结构，或者考虑交易信用激励机制中可能存在的违约风险，以及考察制造商与零售商之间的资金机会成本信息不对称的情形。

第 *4* 章

基于成本分担的供应链
交易信用激励机制研究

考虑到上游制造商对生产提前期所拥有的控制权或支配地位，本章在制造商可控提前期且与零售商分担提前期压缩成本的情形下，设计了一种由零售商向制造商提前付款的交易信用激励机制，分析了在分散化决策供应链中成员企业之间的协作管理，得到了制造商与零售商在订货数量、提前期加速因子，以及提前支付信用期等方面的最优联合协调策略。并且考察了安全库存因子、提前期需求方差，以及机会投资收益率等参数对供应链成员最优策略和系统成本节约额度的影响。

4. 1

引言

在市场竞争日趋激烈和终端顾客需求复杂多变的客观商业环境下，基于时间的竞争（time-based competition，TBC）已经成为众多企业在提供产品或服务时的现代主流竞争模式。为了争取和维持更大的市场竞争优势，企业往往需要对多样化和个性化的顾客需求作出快速甚至敏捷的响应，在合适的时机将合适数量的产品送到合适的顾客手中。斯托克（Stalk，1988）发现，索尼（Sony）、丰田（Toyota）、联邦快递（Federal Express），以及麦当劳（McDonald's）等公司通过缩短商业业务操作流程各个环节的时间，降低了运营成本、提高了产品质量以及拉近了与顾客的关系。其中，较为典型的是，丰田公司的准时化（just-in-time，JIT）生产方式得到了工业界越来越多企业的认同与推广。

从本质上来说，对提前期的控制则正好是属于企业生产运作层面上的时间管理。特森恩（Tersine，1982）指出，提前期通常由订单准备、订单递送、供应商提前期、交货时间，以及生产准备时间五个部分组成，通过额外的成本投资可以对提前期的每一个组成部分进行压缩。在现实生活里，提前期压缩是供—产—销链条中基于时间竞争与寻求比较优势的一种途径（Tersine，1995）。企业通过控制提前期可以有效地达到降低存货积压、减少缺货数量，以及改进服务水平的目标。

国内外不少理论文献对可控（或可变）提前期下的库存控制与优化问题进行了研究。其中，比较早期的一些文献更多地把注意力集中于单个企业的提前期与订货行为的优化决策。廖和许（Liao and Shyu，1991）最早建立了一个关于提前期决策的概率库存模型，但是假设订货量是外生的；为此，本达亚和拉乌夫（Ben‐Daya and Raouf，1994）将提前期与订货量同时视为决策变量推广了廖和许（1991）的模型；而后，欧阳等（1996）、欧阳和吴（1997），以及穆恩和崔（Moon and Choi，1998）进一步考察了允许发生缺货、再订货点内生，以及服务水平约束等更为接近实际的情况。

近些年来，欧阳等（2004）、潘和萧（Pan and Hsiao，2005）、张等（2006）、叶和徐（Ye and Xu，2010）、王海军和黄铮（2010）、李怡娜和徐学军（2011），以及Li等（2012）从供应链管理的视角出发，各有侧重地研究了不同情形下一体化供应链中提前期与库存的联合优化或协调问题，主要涉及延期交货折扣、订购成本缩减、压缩成本分担、服务水平约束和非对称信息等方面。值得一提的是，李怡娜等（2008）、阿尔坎和赫加齐（2012）还研究了可控提前期下卖方给予买方交易信用时的供应链库存优化及协调问题。

　　然而，上述文献研究均将提前期作为零售商的决策变量。实际上，提前期还经常受到上游制造商的控制或支配，这是因为制造商可以在生产赶工、加急送货或改善管理等环节进行投资，以缩短对下游零售商的提前期。目前，很少有文献在制造商可控提前期的条件下，研究单个企业或供应链的库存控制与优化问题。而且，如前文所述，对于处于强势地位的上游制造企业而言，提前付款也是企业在商业贸易中频繁使用的一种短期融资方式。显然，在运营管理领域中，现有文献缺乏研究这一种形式的交易信用对供应链成员企业的激励与协调作用，也未有理论研究涉及制造商可控提前期和压缩成本分担条件下，将零售商提前付款作为一种激励策略来解决供应链的协作管理问题。

　　基于此，本章的理论模型将充分地考察制造商可以通过额外的投资对生产提前期进行压缩，并且继续将交易信用（即零售商提前付款）作为一个内生激励变量，研究制造商与零售商如何制定交易信用激励机制，进而协调双方在订货数量、提前期压缩，以及提前支付信用期等方面的联合策略选择。然后，本章将针对制造商与零售商的相对风险规避态度，引入幂效用函数和运用纳什讨价还价模型，讨论制造商与零售商对供应链系统的成本节约金额的合理分配。

4.2

问题描述与模型假设

　　本章将要构建的理论模型主要采用了表 4-1 所示的符号设定

和基本假设，其他隐含的假设与经典的经济订购批量模型假设相同，这里不再赘述。

表4-1   符号含义

符号	含义	符号	含义
D	市场年平均需求率	P	制造商的年生产速率，且 $P > D$
w	单位产品的批发价格	c	单位产品的生产成本
s_v	制造商的生产准备成本	s_b	零售商的订购准备成本
h_v'	制造商的单位库存年保管成本，不包括资金占用成本	h_b'	零售商的单位库存年保管成本，不包括资金占用成本
h_v	制造商的单位库存年持有成本，有 $h_v = h_v' + ci$	h_b	零售商的单位库存年持有成本，有 $h_b = h_b' + wi$
i	资金的年机会投资收益率	Q	零售商的订货批量
L_0	提前期的初始长度	ρ	提前期压缩成本的分担比例
t	制造商要求零售商提前支付的信用期长度，且 $t \geq 0$	K	零售商初始订货量的倍数，且 $K \geq 1$
TVC	制造商的年平均总成本	TBC	零售商的年平均总成本

其中，模型的基本假设如下：

（1）考察由一个制造商与一个零售商组成的两级供应链，而且该供应链中的成员企业只生产和销售单个品种的货物。

（2）零售商实施连续性检查的 (R, Q) 库存策略，即当库存水平下降至再订货点 R 时，零售商向制造商发出货物数量为 Q 的订单。

（3）制造商的年生产速率 P 有限，且采取"批对批"的库存控制策略。

（4）提前期内需求服从均值为 DL 和标准差为 $\sigma\sqrt{L}$ 的正态分布。那么，再订货点 R = 提前期平均需求 DL + 安全（或缓冲）库

存 SS。其中，$SS = k\sigma \sqrt{L}$，k 是给定的安全库存系数（或称为安全库存因子），主要与顾客服务水平有关。

（5）不考虑发生缺货的情形，即缺货损失或惩罚成本为零。

（6）制造商的提前期压缩成本为 $R(L) = \gamma \ln(L_0/L)$。其中，成本系数 $\gamma > 0$，$0 < L \leqslant L_0$。由 $R'(L) < 0$ 和 $R''(L) > 0$，可知该提前期压缩成本函数具有良好的性质，并且满足边际成本递增的经济学规律。张等（2006）也采用过类似形式的订货成本函数。为了方便后面的数学分析，令 $L = \delta L_0$。其中，δ 是提前期加速因子，且知 $0 < \delta \leqslant 1$。

基于上述符号假定与说明，以及其他隐含的经典模型假设，容易获知零售商的年平均总成本函数为：

$$TBC(Q) = \frac{D}{Q}s_b + \left(\frac{Q}{2} + k\sigma \sqrt{L_0}\right)h_b \qquad (4-1)$$

令零售商平均总成本函数 $TBC(Q)$ 对 Q 的一阶导数等于零，可以求得零售商的初始最优订货量 $Q_0 = \sqrt{2Ds_b/h_b}$，不难验证 $TBC''(Q) = 2Ds_b/Q^3 > 0$。也就是说，零售商的初始最优订货策略是存在并且唯一的。

再将 Q_0 代入零售商的目标函数，得到零售商的最小年平均总成本为：

$$TBC_0 = \sqrt{2Dh_bs_b} + h_bk\sigma \sqrt{L_0} \qquad (4-2)$$

由于制造商采取的是"批对批"的库存策略，那么制造商的年平均总成本函数为：

$$TVC(Q) = \frac{D}{Q}s_v + \frac{D}{P} \times \frac{Q}{2}h_v \qquad (4-3)$$

同样地，将零售商的初始最优订货量 Q_0 代入制造商的目标函数，可以相应地得到制造商的年平均总成本为：

$$TVC_0 = \frac{Ph_bs_v + Dh_vs_b}{2Ph_bs_b} \sqrt{2Dh_bs_b} \qquad (4-4)$$

需要注意的是，初始订货量 Q_0 仅仅是零售商单方面所做出的局部最优决策。实际上，只要对 $TVC(Q)$ 进行最优化处理，就可以知道对于制造商而言，零售商唯一的最优订货数量应该修正为 $Q = \sqrt{2Ps_v/h_v}$。容易验证二阶条件是成立的，即对于任意给定的 $Q > 0$，必然有 $TVC''(Q) = 2Ds_v/Q^3 > 0$。正如第 3 章所论述的，在现实中，关系式 $s_v > s_b$ 和 $h_b > h_v$ 通常是成立的。对二者稍加比较，可知 $Q_0 < Q$。所以，在这种分散独立决策的供应链系统中，零售商的订货数量并没有达到制造商所希望的理想水平，供应链成员企业不太可能实现协作和互惠共赢的目标。

为此，我们开始考察制造商和零售商制定一种供应链交易信用激励机制，就双方在订货数量、生产提前期，以及提前支付信用期等方面的策略选择进行协作与优化，最终实现分散式供应链协作管理的目标。首先，制造商进行一项额外的投资将提前期由初始时间长度 L_0 压缩至 δL_0，由双方共同承担压缩成本。其次，制造商引导零售商将订货批量增加至初始最优订货量的 K 倍，即为 KQ_0，并且要求零售商向制造商提前 t 单位时间支付货款。那么，制造商可以获得一笔额外的机会投资收益 wDi_vt 作为补偿，而零售商在获得提前期加速所带来的安全库存降低好处的同时，则承担了相应的资金机会成本 wDi_bt。因此，在提前期压缩成本分担条件下的供应链协作管理中引入交易信用激励机制后，我们可以将制造商的最优化决策问题抽象成下面的数学规划模型：

$$\min_{t,K,\delta} TVC = \frac{D}{KQ_0}s_v + \frac{D}{P} \times \frac{KQ_0}{2}h_v + \frac{(1-\rho)\gamma D}{KQ_0} \times \ln\left(\frac{L_0}{\delta L_0}\right) - wDit$$

$$(4-5)$$

$$\text{s. t.} \begin{cases} \dfrac{D}{KQ_0}s_b + \left(\dfrac{KQ_0}{2} + k\sigma\sqrt{\delta L_0}\right)h_b + \dfrac{\rho\gamma D}{KQ_0} \times \ln\left(\dfrac{L_0}{\delta L_0}\right) + wDit \leqslant TBC_0 \\ t \geqslant 0, \ K \geqslant 1, \ 0 < \delta \leqslant 1 \end{cases}$$

$$(4-6)$$

4.3

成本分担条件下的交易信用激励机制

本节将在基于成本分担的交易信用激励机制的协调作用下，着重分析制造商与零售商如何对订货数量、提前期加速因子，以及提前支付信用期等联合策略作出最优选择，进而讨论供应链成员对系统的最优成本节约额度的合理分配。

4.3.1　最优订货批量与提前期加速因子决策

式（4-6）表示制造商在采用交易信用激励机制后必须满足零售商的参与约束或者个体理性约束。那么，将零售商的初始最优订货量 $Q_0 = \sqrt{2Ds_b/h_b}$、零售商的最小年平均总成本 TBC_0，以及提前期 $L = \delta L_0$ 一起代入式（4-6），经化简后，有：

$$t \leqslant \frac{k\sigma h_b(\sqrt{L_0} - \sqrt{\delta L_0})}{wiD} + \frac{\rho\gamma \ln\delta - s_b(K-1)^2}{wiK}\sqrt{\frac{h_b}{2Ds_b}} \quad (4-7)$$

显然，为了使式（4-5）中的制造商年平均总成本函数可以取得最小值，则要求式（4-7）中的等式成立。这也意味着制造商向零售商索取了一个最长可能的提前支付信用期 t_{max}。

那么，将 Q_0 和 t_{max} 一起代入式（4-5），进行消项和整理后，得到：

$$TVC(K, \delta) = \frac{KDh_v}{P}\sqrt{\frac{Ds_b}{2h_b}} + \left[\frac{s_v - \gamma \ln\delta}{K} + (K + 1/K - 2)s_b\right]\sqrt{\frac{Dh_b}{2s_b}}$$
$$- k\sigma h_b(\sqrt{L_0} - \sqrt{\delta L_0}) \quad (4-8)$$

首先，明确固定提前期加速因子 δ 的值，然后求式（4-8）中的制造商年平均总成本函数 $TVC(K \mid \delta)$ 关于订货倍数 K 的一阶偏导数，并令其等于零，有：

$$\frac{\{DK^2 h_v s_b - Ph_b[(s_v - \gamma \ln\delta) - s_b(K^2 - 1)]\}\sqrt{2Dh_b s_b}}{2h_b s_b PK^2} = 0$$

$$(4-9)$$

可以证明，制造商年平均总成本函数 $TVC(K|\delta)$ 关于订货量倍数 K 的二阶充分条件为 $TVC''(K|\delta) = \dfrac{s_v + s_b - \gamma \ln\delta}{K^3}\sqrt{2Dh_b/s_b} > 0$。

注意：这里 $\ln\delta \leq 0$，下同。由此可见，制造商成本函数 $TVC(K|\delta)$ 是一个关于 K 的严格凸函数。那么，求解式（4-9），从而得到下面的命题 4-1。

命题 4-1 在供应链交易信用激励机制中，制造商可以要求零售商增加的初始最优订货量的倍数为：

$$K^*(\delta) = \sqrt{\frac{(s_v + s_b - \gamma \ln\delta)Ph_b}{Ph_b s_b + Dh_v s_b}} \qquad (4-10)$$

即要求零售商将初始最优订货批量 Q_0 增加至 $K^*(\delta)Q_0$。

如前文所述，关系式 $h_b s_v > h_v s_b$ 通常是成立的，且有 $P > D$，以及 $\ln\delta \leq 0$，故可知命题 4-1 中的最优订货倍数 $K^*(\delta) = \sqrt{1 + \dfrac{(Ph_b s_v - Dh_v s_b) - \gamma Ph_b \ln\delta}{Ph_b s_b + Dh_v s_b}} > 1$。而且，由命题 4-1，容易知道，当变量 δ 减小时，零售商最优订货倍数 $K^*(\delta)$ 将增加，这意味着制造商通过额外投资以进行生产提前期的压缩，可以激励零售商积极地增加订货数量，进而有效地降低制造商的开工次数、订单处理成本以及生产准备成本等。

将命题 4-1 中的最优订货倍数 $K^*(\delta)$ 代入式（4-8）后，制造商的最优化决策目标就转化为求解下面的单变量函数极小值问题。

$$\min TVC(\delta) = \sqrt{2D(Ph_b + Dh_v)(s_v + s_b - \gamma \ln\delta)/P}$$
$$- [k\sigma h_b(\sqrt{L_0} - \sqrt{\delta L_0}) + \sqrt{2Dh_b s_b}] \qquad (4-11)$$

因此，为了使制造商年平均总成本函数 $TVC(\delta)$ 能够实现极小化，令 $TVC(\delta)$ 关于提前期加速因子 δ 的一阶导数等于零，并且经过消项整理后，得到：

$$k\sigma\sqrt{h_b s_b \delta L_0} = \gamma\sqrt{\frac{2Ds_b(Ph_b + Dh_v)}{Ph_b(s_v + s_b - \gamma\mathrm{In}\delta)}} \qquad (4-12)$$

为了确保式（4-11）中制造商的年平均总成本函数 $TVC(\delta)$ 极小化的充分条件得以成立，需要使得 $TVC(\delta)$ 关于提前期加速因子 δ 的二阶导数是大于或等于零的。那么，先求 $TVC''(\delta)$，再将式（4-12）代入其中，化简后有：

$$\frac{d^2 TVC(\delta)}{d\delta^2}\bigg|_{\delta^*} = \frac{\gamma\sqrt{(Ph_b + Dh_v)D}}{2\sqrt{2P\delta^*}}\frac{(s_v + s_b - \gamma\mathrm{In}\delta^* - \gamma)}{(s_v + s_b - \gamma\mathrm{In}\delta^*)^{3/2}}$$

$$(4-13)$$

从式（4-13）不难发现，当条件 $s_v + s_b - \gamma\mathrm{In}\delta^* - \gamma \geqslant 0$，即 $\delta^* \leqslant \hat{\delta} = \mathrm{Exp}\left(\dfrac{s_v + s_b - \gamma}{\gamma}\right)$ 时，$TVC''(\delta)\big|_{\delta^*} \geqslant 0$。因此，根据以上模型分析及推导过程，可以得到下面的命题4-2。

命题4-2　在供应链交易信用激励机制中，制造商决策的最优提前期加速因子 δ^* 的取值范围为 $0 < \delta^* \leqslant \min\{\hat{\delta}, 1\}$，并且满足方程式 $\delta^* = \dfrac{2D\gamma^2(Ph_b + Dh_v)}{PL_0 k^2\sigma^2 h_b^2(s_v + s_b - \gamma\mathrm{In}\delta^*)}$。那么，制造商愿意选择的最优提前期将从初始的 L_0 时间被压缩至 $\delta^* L_0$ 时间。

需要说明的是，由于直接求解上述命题4-2中的方程式难以得到最优提前期加速因子 δ^* 的闭式解（closed-form solution），我们在后面的数值分析中，将采取常用的一维（或线性）搜索算法寻找出最优提前期加速因子的数值解。那么，将 δ^* 代入命题4-1后，则能得到零售商的最优订货量倍数 $K^*(\delta^*)$，再将 δ^* 和 $K^*(\delta^*)$ 一并代入式（4-7），进而获得制造商所能要求的最优提前支付信用期 $t_{\max}^*$。

特别地,当提前期加速因子 $\delta^* = 1$ 时,由式(4-7)可知,信用期 $t_{max}^* < 0$。这意味着制造商在现实中可能面临较高的提前期压缩成本而无利可图时,将会理性地采取不进行提前期压缩成本投资的策略,而反过来愿意向零售商提供延期付款形式的交易信用以继续协调零售商的订货行为,进而使得整个供应链系统仍能有效达到优化与协作控制的状态(由命题4-4的证明过程能够充分地说明这一结论)。

接下来,我们定义一个函数 $F(\delta^*, \gamma) = \delta^* - \dfrac{2D\gamma^2(Ph_b + Dh_v)}{PL_0 k^2 \sigma^2 h_b^2(s_v + s_b - \gamma \ln \delta^*)}$。那么,由命题4-2,可以得到此恒等式:$F(\delta^*, \gamma) \equiv 0$。

首先,求 $F(\delta^*, \gamma)$ 关于 δ^* 的一阶偏导数,经整理后,有

$$\partial F(\delta^*, \gamma)/\partial \delta^* = \frac{s_v + s_b - \gamma \ln \delta^* - \gamma}{s_v + s_b - \gamma \ln \delta^*} > 0 \qquad (4-14)$$

继续计算 $F(\delta^*, \gamma)$ 对 γ 的一阶偏导数,有

$$\partial F(\delta^*, \gamma)/\partial \gamma = -\frac{2D\gamma(Ph_b + Dh_v)(2s_v + 2s_b - \gamma \ln \delta^*)}{PL_0 k^2 \sigma^2 h_b^2(s_v + s_b - \gamma \ln \delta^*)^2} < 0$$

$$(4-15)$$

那么,根据隐函数定理,可以推导 $\partial \delta^*/\partial \gamma = -\dfrac{\partial F(\delta^*, \gamma)/\partial \gamma}{\partial F(\delta^*, \gamma)/\partial \delta^*} > 0$。也就是说,提前期压缩成本系数越小,制造商越有意愿追加投资以缩短提前期。进一步地,将 $\delta^* = 1$ 代入命题4-2中的方程式,不难得到提前期压缩成本系数的上限 $\hat{\gamma} = k\sigma h_b \sqrt{\dfrac{PL_0(s_b + s_v)}{2D(Ph_b + Dh_v)}}$。由此表明,只有当提前期压缩成本的系数充分小时,或者说,制造商每压缩一个单位时间的提前期所额外负担的投资成本足够低时,制造商才会有积极性尝试对生产提前期进行控制或追加投资。

同理,还可以类似地证明,关系式 $\partial \delta^*/\partial k < 0$、$\partial \delta^*/\partial \sigma < 0$,以及 $\partial \delta^*/\partial i < 0$ 也是成立的。综合以上分析过程,可以得到下面的

命题 4 - 3。

命题 4 - 3　在给定其他参数不变的条件下，随着①零售商对顾客的服务水平的上升，②或者提前期需求波动程度的增加，③抑或资金机会投资收益率的提高，制造商选择的最优提前期长度将会被缩短。

对命题 4 - 3 的结论可以做出以下解释：顾客服务水平的上升或者市场需求波动的变大，都将导致零售商不得不持有较多的安全库存，这时制造商如果压缩生产提前期，则可以使得零售商避免维持较高的库存水平，从而降低库存保管成本和流动资金占用成本。此外，如果资金的机会投资收益率越高，那么意味着制造商对资金的使用效率就越高，因此，制造商可以通过一笔额外的投资将提前期压缩至更短的时间，从而刺激零售商增加订货数量和提前更长时间支付货款，进而获得更多的生产准备成本节约与资金机会投资收益作为对投资成本的相应补偿或回报。

继续将最优的提前期加速因子 δ^* 代入式（4 - 11），从而得到制造商的最小年平均总成本为 $TVC(\delta^*)$。显然，只有当 $TVC(\delta^*)$ 比采用交易信用激励机制之前的 TVC_0 更小时，该交易信用激励机制才有可能最终改善供应链成员双方的经济成本境况。因此，为了判别二者的数量大小关系，可以先让它们的表达式相减，并且令 $\Delta TC(\delta^*) = TVC_0 - TVC(\delta^*)$。注意，当 $\delta = 1$ 时，将其代入 $\Delta TC(\delta^*)$，并且化简后，得到：

$$\Delta TC(1) = TVC_0 - TVC(1)$$

$$= \frac{(\sqrt{Ph_b s_b + Ph_b s_v} - \sqrt{Ph_b s_b + Dh_v s_b})^2}{P} \sqrt{\frac{D}{2h_b s_b}} \quad (4 - 16)$$

由于关系式 $h_b s_v > h_v s_b$ 通常是成立的，那么可以得知式（4 - 16）中的 $\Delta TC(1) > 0$。此外，根据命题 4 - 2，可知 $\delta = 1$ 并不一定是制造商的年平均总成本函数 $TVC(\delta)$ 的极小值点，进而得知 $TVC(\delta^*) \leqslant TVC(1)$。因此，对于给定的 TVC_0，可以推导出 $\Delta TC(\delta^*) \geqslant \Delta TC(1) > 0$。于是，能够得到下面的命题 4 - 4。

命题 4 - 4 基于成本分担的供应链交易信用激励机制，通过对订货量、提前期，以及提前支付信用期进行最优选择，制造商（或者整个供应链）可以获得的最大成本节约金额为 $\Delta TC(\delta^*)$，进而使得整个供应链实现了全局优化与协作的目标。

命题 4 - 4 清楚地表明，制造商如果采用最优的交易信用激励机制 (ρ, t)，可以在保证零售商的年平均总成本并不增加的前提下，同时能够促使自身的初始年平均总成本降低，因而达到了供应链成本节约和帕累托改进的目标。实际上，为了让供应链成员各方的境况得以改善，还须对该成本节约数额平等地进行分配。下面将针对制造商和零售商各自的风险规避态度，讨论双方如何对供应链系统的成本节约加以合理分配。

4.3.2 依赖相对风险规避的系统成本节约分配

运用前文所提出的交易信用激励机制，制造商（或者说供应链）可以获得的最大成本节约金额为 $\Delta TC(\delta^*)$。其中，面向制造商与零售商分配的份额分别为 ΔTVC 和 ΔTBC。为了描述参与方的相对风险规避度，继续假定制造商和零售商的幂效用函数分别为：

$$U_1(\Delta TVC) = (\Delta TVC)^{1-\phi_1}/(1-\phi_1) \qquad (4-17)$$

$$U_2(\Delta TBC) = (\Delta TBC)^{1-\phi_2}/(1-\phi_2) \qquad (4-18)$$

由于 $\phi_1 = -\Delta TVC \dfrac{U_1''(\Delta TVC)}{U_1'(\Delta TVC)}$，$\phi_2 = -\Delta TBC \dfrac{U_2''(\Delta TBC)}{U_2'(\Delta TBC)}$。因此，按照普拉特（1964）所给出的定义，可知 ϕ_1 和 ϕ_2 分别是制造商和零售商的相对风险规避度，且二者均为正常数。那么，运用迈尔森（Myerson，1991）中的纳什讨价还价理论模型，最大化整个供应链系统的效用函数，即制造商与零售商效用函数的乘积，从而有：

$$
\begin{aligned}
\max U_s(\Delta TVC, \Delta TBC) &= U_1(\Delta TVC) \times U_2(\Delta TBC) \\
&= [(\Delta TVC)^{1-\phi_1}/(1-\phi_1)] \times \\
&\quad [(\Delta TBC)^{1-\phi_2}/(1-\phi_2)] \qquad (4-19)
\end{aligned}
$$

$$\text{s. t. } \Delta TVC + \Delta TBC = \Delta TC(\delta^*) \qquad (4-20)$$

将上面的等式约束代入式（4-19），然后令 $\partial U_s / \partial(\Delta TVC) = 0$ 和 $\partial U_s / \partial(\Delta TBC) = 0$，联立求解该方程组，可以得到下面的命题 4-5。

命题 4-5　通过交易信用激励机制的协调和进行纳什讨价还价，制造商与零售商可以获得的最优成本节约金额分别为：

$$\Delta TVC = \frac{1-\phi_1}{(1-\phi_1)+(1-\phi_2)}\Delta TC(\delta^*) \qquad (4-21)$$

$$\Delta TBC = \frac{1-\phi_2}{(1-\phi_1)+(1-\phi_2)}\Delta TC(\delta^*) \qquad (4-22)$$

命题 4-5 表明，制造商（零售商）的相对风险规避程度越大（小），则制造商（零售商）所获得的供应链成本节约的份额就越少（多）。这可以理解为某一方为了规避风险而愿意放弃部分收益，或由于承担风险而相应地获得较多补偿（即所谓的风险溢价）。特别地，若制造商与零售商的相对风险规避度相等，则二者刚好平分供应链的成本节约。因此，取决于各自的相对风险规避态度，制造商与零售商可以对供应链系统的成本节约额度进行任意的分配，使得交易信用激励机制协调下双方所负担的成本均比各自的初始成本更低，从而有效地克服常见的"双重边际化"问题。

4.4

数值分析

对本章模型的相关参数值设定如下：平均需求率 $D = 2000$ 件/年，生产率 $P = 5000$ 件/年，初始提前期 $L_0 = 28$ 天，需求标准差 $\sigma = 10$ 件/天，批发价格 $w = 35$ 元/件，生产成本 $c = 20$ 元/件，生产准备成本 $s_v = 1000$ 元/次，订货准备成本 $s_b = 600$ 元/次，库存保管成本 $h_v' = 5$ 元/件·年，库存保管成本 $h_b' = 10$ 元/件·年，安全库

存系数 $k = 3.0$，压缩成本系数 $\gamma = 230$，成本分担比例 $\rho = 0.2$，机会投资收益率 $i = 0.30/$年，$\phi_1 = 0.6$，$\phi_2 = 0.4$。

已知上述这些数据，可以进一步验证安全库存系数和需求波动程度对最优提前期长度的影响。其中，图4-1显示了当零售商的安全库存系数 $k \in [2.0, 3.0]$ 的数值增加时，制造商所选择的最优提前期长度将随之缩短，并且提前期时间压缩的幅度将越来越大，从而有效地满足下游零售商所设置的更高顾客服务水平的目标。

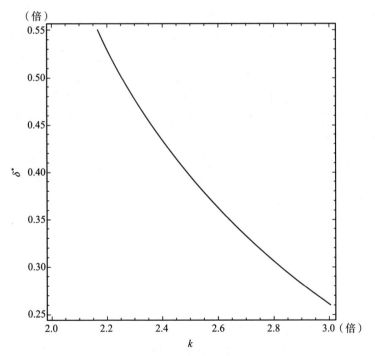

图4-1 安全库存系数对最优提前期加速因子的影响

同样地，图4-2表明提前期需求的波动程度越大，制造商愿意选择的最优提前期加速因子就越小，也就是说，最优提前期的长度将随着需求波动程度的增加而明显变小。这是因为在其他参数不变的条件下，市场需求波动程度的变大，将会引起零售商安全库存的增加，所以制造商可以通过压缩提前期而有效地降低供应链的库存水平。

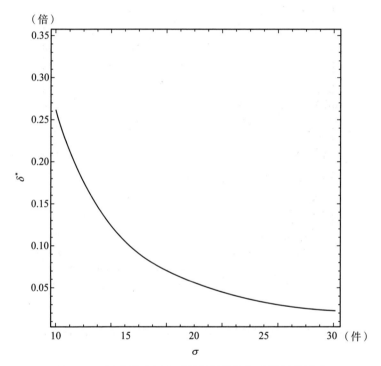

图 4 - 2　需求波动程度对最优提前期加速因子的影响

图 4 - 3 提供了制造商的年平均总成本 $TVC(K, \delta)$ 关于订货量倍数 K 和提前期加速因子 δ 的等值线（或等高线）。该图像正好是制造商年平均总成本函数的凸状曲面在选定区域 $\{(K, \delta) | 1 \leqslant K \leqslant 2, 0 < \delta \leqslant 1\}$ 上的垂直投影。其中，越靠近中心位置的等高线

所代表的制造商年平均总成本值越低，等高线越密集（稀疏）的地方表示制造商平均总成本函数在该处上方的曲面越陡峭（平坦），制造商的年平均总成本的最小值大致在 5200 附近。

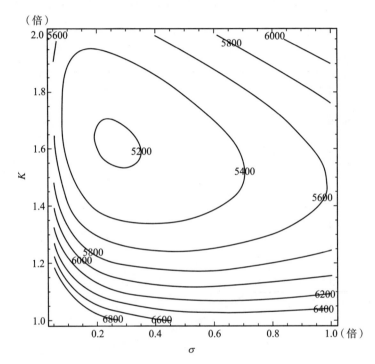

图 4 - 3   制造商平均总成本关于订货倍数和提前期的等值线

表 4 - 2 分析了资金的机会投资收益率对供应链成员的最优策略选择与成本节约金额的影响。首先，在提前期压缩成本的分担比例可以变化的情况下，随着零售商对压缩成本分担比例的增加，制造商将会放宽对零售商提前付款的要求，如果零售商更多地承担了提前期压缩的成本，那么制造商还会转而提供延期付款形式的交易信用对零售商进行补偿；其次，随着资金的机会投资收益率的逐渐

提高，库存货物占用资金的机会成本自然会增加，从而导致制造商和零售商的初始年平均总成本相应地增加。

表4-2　　机会投资收益率变化对最优策略及成本节约的影响

i（年）	ρ	订货量倍数	提前期加速因子	信用期（年）	制造商初始成本（元）	制造商最优成本（元）	零售商初始成本（元）	成本降低幅度（%）
0.10	0.20	1.58	0.42	0.005	5333.71	4385.56	7835.16	17.78
	0.40	1.58	0.42	-0.012	5333.71	4385.56	7835.16	17.78
	0.60	1.58	0.42	-0.029	5333.71	4385.56	7835.16	17.78
	0.80	1.58	0.42	-0.046	5333.71	4385.56	7835.16	17.78
0.20	0.20	1.60	0.32	0.020	5999.23	4827.31	9086.15	19.53
	0.40	1.60	0.32	0.007	5999.23	4827.31	9086.15	19.53
	0.60	1.60	0.32	-0.005	5999.23	4827.31	9086.15	19.53
	0.80	1.60	0.32	-0.017	5999.23	4827.31	9086.15	19.53
0.30	0.20	1.62	0.26	0.026	6597.98	5182.80	10268.50	21.45
	0.40	1.62	0.26	0.015	6597.98	5182.80	10268.50	21.45
	0.60	1.62	0.26	0.005	6597.98	5182.80	10268.50	21.45
	0.80	1.62	0.26	-0.006	6597.98	5182.80	10268.50	21.45
0.40	0.20	1.63	0.22	0.029	7146.75	5472.59	11399.30	23.43
	0.40	1.63	0.22	0.020	7146.75	5472.59	11399.30	23.43
	0.60	1.63	0.22	0.010	7146.75	5472.59	11399.30	23.43
	0.80	1.63	0.22	0.000	7146.75	5472.59	11399.30	23.43

那么，考虑到资金机会成本上升的不利影响，制造商将会最大限度地压缩提前期的长度，通过降低零售商的安全库存水平以索取较长的提前支付信用期，同时要求零售商扩大企业产品的采购规模，进而充分地发挥自身较高的资金投资效率，从而获取更多的投

资收益回报和生产准备成本节约作为对提前期压缩成本的补偿。注意：不管资金的机会投资收益率如何变化，零售商的年平均总成本始终保持在初始水平不变。因此，制造商获得的成本节约额度也相当于整个供应链系统的成本节约。

更为重要的是，从表4-2还可以看出，资金的机会投资收益率越高，分散式供应链的协作管理绩效的提升程度就越大，也就是说，交易信用激励机制越能有效地发挥对分散化决策供应链的协调作用。

从下面的图4-4容易看出，在分散式供应链尚未得到协调的情形下，制造商的初始年平均总成本为6597.98元，而通过采用提前付款形式的交易信用激励机制，制造商的年平均总成本显著地下降了988.46元（6597.98-5182.80）。而零售商的年平均总成本并出现没有任何的增加，一直保持在10268.50元时的初始水平。并且，与制造商向零售商提供延期付款形式的交易信用以协调零售商订货行为的做法相比较，该供应链交易信用激励机制使制造商获得了更多的成本节约金额（426.72元）。

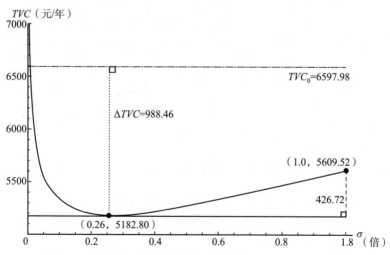

图4-4　制造商平均总成本关于提前期加速因子的变化趋势

根据命题 4 - 5 和相关参数值，可以计算得到 $\Delta TVC = 395.38$ 元，$\Delta TBC = 593.08$ 元。因此，在供应链交易信用激励机制的协调作用下，通过对供应链系统的成本节约金额的合理分配，制造商和零售商的最优年平均总成本分别为 6202.60 元和 9675.42 元。也就是说，与初始情形相比，制造商与零售商的年平均总成本都下降了大约 6% 。因此，通过设计供应链交易信用激励机制和对供应链系统的成本节约金额进行合理分配，制造商与零售商实现了各自成本境况的共同改进。

4. 5

本章小结

本章基于由一个制造商与一个零售商所组成的两级供应链，充分顾及上游制造商对生产提前期所拥有的控制权或支配地位，并且将提前期视为制造商的一个决策变量。然后，将企业间商业贸易中经常发生的提前支付形式的交易信用作为一种激励工具或协调变量，通过制定基于成本分担的交易信用激励机制，分析了制造商与零售商在分散式供应链中的优化决策与协作管理问题，得到了供应链成员企业的最优订货数量、最优提前期加速因子，以及最优提前支付信用期等联合协调策略。

本章研究表明：在给定其他参数不变的条件下，当制造商的提前期加速因子减小时，提前期的时间长度也会相应地缩短，制造商要求零售商的最优订货批量将会逐步增加。因此，制造商可以通过控制提前期来合理引导零售商的订货行为；而且，随着安全库存系数的增加（即顾客服务水平的提高），或者提前期内需求波动的增大，制造商的最优提前期加速因子将会显著地下降，也就是说，最优的生产提前期天数将会变少；而随着资金的机会投资收益率的提高，最优提前期将会缩短，最优订货量倍数将会增加，最优提前支付信用期将会增长，整个供应链系统也将会获得更多的成本节约。

值得注意的是，当提前期压缩成本的系数足够小时，制造商通过制定基于成本分担的交易信用（即提前付款）激励机制，可以在满足零售商个体理性约束的前提下，即保证零售商的初始年平均总成本不发生任何的增加，使自己获得了较初始情形非常可观的成本节约额度，甚至比延期付款形式的交易信用协调情形下的成本节约还要多。否则，对于比较大的提前期压缩成本系数可能导致制造商无利可图时，制造商将会放弃对生产提前期的压缩投资，此时，通过设计延期付款形式的交易信用激励机制就可以协调零售商的订货行为或采购策略。并且，依赖于各自的相对风险规避态度，制造商与零售商通过纳什讨价还价，对供应链系统的最优成本节约额度进行了合理分配，从而使得供应链成员的年平均总成本的境况实现了帕累托改进的目标。

第 5 章

基于价格补贴的供应链
交易信用激励机制研究

本章考虑到制造商向终端消费者提供价格补贴的商业背景，通过设计基于价格补贴（即制造商直接给予消费者价格补贴）的交易信用激励机制，研究了分散化决策供应链的协作控制与管理问题，得到了供应链成员的最优订货批量、最优价格补贴率，以及最优提前支付信用期等运营、营销乃至财务管理方面的联合协调策略，并且对供应链系统的最优利润增量进行了合理地分配，从而使得供应链各方成员的年平均总利润实现了共同改善的目标。

5. 1
引言

我们知道，当今市场环境已经发生了根本性的变化，在市场总体上由卖方市场逐步向买方市场转变的现实背景下，许多生产厂家或制造商正在面临着日益激烈的市场竞争压力。为了最大限度地增加企业产品的市场占有份额，往往会通过诸如特价、折价券、甚至现金返利之类的优惠方式，直接向终端顾客提供价格补贴以刺激或吸引潜在顾客的消费需求，进而扩大产品的销售规模和提高库存周转率。可想而知，如果消费者需求对产品的实际零售价格比较敏感，且生产厂家愿意直接给予消费者一定比例的价格补贴，那么市场需求规模很可能会出现较大幅度地增加。从而，生产厂家期望可以获得的销售收入也会相应地得以改善。

例如，惕琛（Teachen，2003）报道称，在 2002 年底，美国汽车行业中的通用汽车公司（general motors，GM）公司为旗下多达十二款汽车和五种类型的卡车提供了 3000 美元的返利补贴或者 5 年无息贷款等促销优惠政策。无独有偶，同行业的福特（Ford）公司也给予了三款水星（Mercury）品牌汽车的购买者 3000 美元的现金补贴。实际上，许多行业的生产厂家向消费者直接提供价格补贴的让利促销方式在很大程度上激起了消费者的购买欲望，同时也有力地促进了区域零售商的市场销售额的显著提升。当然，作为产品供应商的生产厂家最终也能够从来自下游零售企业的大量订单中受益匪浅。

一直以来，国际与国内很多学者集中于研究制造商向零售商提供传统的价格折扣或数量折扣以协调双方的最优策略选择，寻求对整个供应链系统的优化与协作控制。其中，比较有代表性的研究成果包括莫纳汉（1984）、翁（1995）、芒森和罗森布拉特（2001）、李和刘（2006），以及辛哈和本顿（2007）；等等。需要特别提及的是，岳（Yue，2006）等着重研究了价格敏感型需求条件下，制造商向消费者提供直接价格补贴时的供应链合作广告促销问题。由此可见，很少有文献关注现实中普遍存在的生产厂家直接向消费者提供价格补贴的商业行为，这一方面的理论研究仍然滞后于供应链管理实践的发展。而且，据我们所知，在供应链交易信用激励机制的理论研究方面，也尚未有文献将价格补贴与交易信用（包括延期付款或提前付款）进行组合，来对非一体化供应链系统中成员企业的利己化行为或策略选择加以协调。

基于以上商业实践背景与相关理论研究进展，本章将深入考察制造商直接给予消费者价格补贴对市场需求和零售商采购行为所产生的影响，而不局限于制造商与零售商之间传统的数量折扣或价格折扣。更为重要的是，本章继续将企业经常使用的交易信用（即提前付款）作为一个内生激励变量，在不同的市场需求价格弹性环境下，通过设计基于价格补贴的供应链交易信用激励机制，研究制造商如何灵活地设置交易信用激励机制，进而对零售商的订货行为或采购策略进行协调与控制。最后，本章引入幂效用函数和运用非对称纳什讨价还价理论，讨论了制造商与零售商对供应链系统的最优新增利润的合理分配。期望本章的理论研究能为供应链中相关企业的采购策略选择、价格补贴率决策，以及交易信用政策的制定等提供理论依据或启示。

5. 2

问题描述与模型假设

在此，对本章模型中的主要参数与变量的含义做出以下说明：w 是单位产品的批发价格，c 是单位产品的生产成本，p_0 是单位产品的初始零售价格，且有 $p_0 > w > c$；s_v 为制造商的每次生产准备成本；s_b 为零售商的每次订货准备成本；h_b' 为零售商的单位库存年保管成本（不包括库存占用资金的机会成本），那么零售商的单位库存年持有成本为 $h_b = h_b' + wi$；i 为资金的年机会投资收益率；Q_0 为零售商的初始最优订货量；K 为零售商初始订货量的倍数，且 $K \geqslant 1$；θ 为制造商向消费者提供的价格补贴比例，且 $0 \leqslant \theta \leqslant 1$；$t$ 为制造商要求零售商提前支付的信用期，且 $t \geqslant 0$；D_0 是初始的年平均需求率，且假设 $D_0 = \alpha p_0^{-e}$（其中，规模因子 $\alpha > 0$，弹性系数 $e > 0$），TBP 为零售商的年平均总利润，TVP 为制造商的年平均总利润，TP 为供应链系统的年平均总利润。

基于上述符号设定以及采用与经典的 EOQ 模型相同的假设，我们可以得到零售商的年平均总利润函数为 $TBP(Q) = (p_0 - w)D_0 -$

$\dfrac{D_0}{Q}s_b - \dfrac{Q}{2}h_b$，对该利润函数进行最优化处理，容易验证 $TBP''(Q) = -2D_0 s_b/Q^3 < 0$，故存在唯一的初始最优订货量 $Q_0 = \sqrt{2D_0 s_b/h_b}$。从而，零售商相应的最大年平均总利润为：

$$TBP_0 = (p_0 - w)D_0 - \sqrt{2D_0 h_b s_b} \qquad (5-1)$$

假定制造商采取"批对批"的生产供货策略，那么制造商的年平均总利润函数为 $TVP(Q) = (w-c)D_0 - \dfrac{D_0}{Q}s_v$。将 Q_0 代入制造商的目标函数后，进而得到制造商的初始年平均总利润为：

$$TVP_0 = (w-c)D_0 - s_v\sqrt{D_0 h_b/(2s_b)} \qquad (5-2)$$

然而，需要指出的是，对供应链系统而言，最优订货量 $Q^* = \sqrt{2D_0(s_v + s_b)/h_b} > Q_0$。其中，$Q^*$ 是由供应链系统的年平均总利润函数最大化求得的。显而易见，初始订货量 Q_0 只是零售商一方所做出的局部最优决策，并非供应链系统的最优订货策略选择，从而无法实现整个供应链协作管理的目标。

因此，接下来我们的任务是：通过设计基于价格补贴的供应链交易信用激励机制，对消费者的购买行为和零售商的订货决策进行激励、协调或控制，然后对供应链系统的新增利润加以合理分配，使得制造商与零售商都能实现各自利润境况的改善。

5.3

价格补贴策略下的交易信用激励机制

考察制造商与零售商制定基于价格补贴的供应链交易信用激励机制。其中，事件的决策顺序如下：首先，制造商直接向消费者提供价格补贴（或者也可视为零售商向消费者提供价格折扣，但发生的折价销售损失全部由制造商方面补足），旨在有效地刺激产品的市场需求规模的增大，进而在引导零售商订货数量相应增加的基础上使自身获得更多的销售收入。于是，如果制造商对消费者直接提供的全单位价格补贴为 θ，那么，当产品的实际零售价下降时，市场需求将会增加至 $D = \alpha\left[(1-\theta)p_0\right]^{-e} = D_0(1-\theta)^{-e}$。

其次，从零售商的角度来看，制造商直接向消费者提供价格补贴的做法将促进市场销售规模的增大，零售商自然地可以获得更多的销售收入。因此，制造商可以激励零售商将订货数量相应地增加至其初始订货量的 K 倍，即为 KQ_0。但是，对于制造商来说，由于给予消费者价格补贴而导致自身丧失部分收入 $\theta p_0 D$，制造商然后可以要求零售商提前支付货款（注：零售商由于理性地预期到制造商提供价格补贴后市场销量将会增大，因此很可能也愿意提前付款以便事先做好采购或订货的准备工作），且假设提前支付的信用期长度为 t。那么，制造商能够获得一笔额外的资金机会投资收益 $wDit$ 作为补偿。当然，零售商一方将承担相应数量的资金机会投资成本。

综上分析，在基于价格补贴的供应链交易信用激励机制中，制造商面临的最优化决策问题可以被描述成下面的数学规划模型：

$$\max_{t,K,\theta} TVP = (w - c - \theta p_0)D_0(1-\theta)^{-e} - \frac{D_0(1-\theta)^{-e}}{KQ_0}s_v$$
$$+ wD_0(1-\theta)^{-e}it \qquad (5-3)$$

$$\text{s. t.} \begin{cases} (p_0 - w)D - \dfrac{D}{KQ_0}s_b - \dfrac{KQ_0}{2}h_b - wDit \geqslant TBP_0 \\ t \geqslant 0,\ K \geqslant 1,\ 0 \leqslant \theta < 1 \end{cases} \qquad (5-4)$$

在上述模型中，制造商在进行最优策略选择以最大化自身的年平均总利润时，事先需要考虑满足式（5-4）中的零售商参与约束或者个体理性约束。我们将对制造商与零售商的订货数量、价格补贴率，以及提前支付信用期进行优化决策。

5.3.1 最优订货批量的选择

将式（5-1）中的 TBP_0 代入约束条件（5-4），且移项相除后，得到：

$$t \leqslant \frac{(p_0 - w)(D - D_0) - D_0 s_b (1 - \theta)^{-e} / (KQ_0) - KQ_0 h_b / 2 + \sqrt{2D_0 h_b s_b}}{wiD_0 (1 - \theta)^{-e}}$$

$$(5 - 5)$$

将初始最优订货量 $Q_0 = \sqrt{2D_0 s_b / h_b}$ 和 $D = D_0 (1 - \theta)^{-e}$ 代入式（5-5），可以得到制造商所能要求的最长提前支付信用期为：

$$t_{max} = \frac{[1 - (1 - \theta)^e](p_0 - w) - [1/K + (K - 2)(1 - \theta)^e]\sqrt{h_b s_b / (2D_0)}}{wi}$$

$$(5 - 6)$$

再将 Q_0 和式（5-6）一并代入式（5-3），经整理后，不难得到：

$$\text{Max} TVP(K, \theta) = D_0 (1 - \theta)^{-e} \times \left\{ [(1 - \theta)p_0 - (p_0 - w)(1 - \theta)^e - c] \right.$$

$$\left. - \frac{s_v}{K}\sqrt{\frac{h_b}{2D_0 s_b}} - [1/K + (K - 2)(1 - \theta)^e]\sqrt{h_b s_b / (2D_0)} \right\}$$

$$(5 - 7)$$

对于给定的变量 θ，求式（5-7）中 $TVP(K|\theta)$ 关于 K 的二阶偏导数，经整理后，有：

$$\frac{\partial^2 TVP(K|\theta)}{\partial K^2} = -\frac{(s_v + s_b)(1 - \theta)^{-e}}{K^3}\sqrt{2D_0 h_b / s_b} < 0$$

$$(5 - 8)$$

由此可知，制造商的年平均总利润 $TVP(K|\theta)$ 是一个关于 K 的严格凹函数。那么，必定存在唯一的极大值点 K^*。于是，令 $TVP(K|\theta)$ 关于 K 的一阶偏导数等于零，并且化简后，有

$$\frac{\partial TVP(K|\theta)}{\partial K} = \frac{-s_b K^2 + (s_v + s_b)(1-\theta)^{-e}}{K^2}\sqrt{D_0 h_b/(2s_b)} = 0$$

$$(5-9)$$

对式（5-9）进行求解，可以得到最优的订货量倍数

$$K^*(\theta) = (1-\theta)^{-e/2}\sqrt{1+\frac{s_v}{s_b}} \qquad (5-10)$$

那么，有以下的命题5-1。

命题5-1 在基于价格补贴的供应链交易信用激励机制的作用下，对于任意给定的 $0 \leq \theta < 1$，制造商期望的唯一最优订货量倍数为 $K^*(\theta) = (1-\theta)^{-e/2}\sqrt{1+s_v/s_b}$，那么，零售商的最优订货批量将增加至 $K^*(\theta)Q_0 = \sqrt{2D_0(1-\theta)^{-e}(s_v+s_b)/h_b}$。

由命题5-1容易看出，对于任意的 $\theta \in [0, 1)$，均有 $K^*(\theta) > 1$。显然，$K^*(\theta)$ 是能够完全满足式（5-4）中的约束条件。进而可以获知，在基于价格补贴的供应链交易信用激励机制的作用下，制造商可以诱使零售商改变初始的订货决策，并且引导零售商将订货数量刚好增加至对供应链系统而言最优的水平，以及促使零售商提前支付货款，从而使制造商降低了生产准备成本和获得了相应的机会投资收益。

特别地，在 $\theta = 0$ 时，零售商的订货数量仍然可以增加至 $K^*(\theta)Q_0 = \sqrt{2D_0(s_v+s_b)/h_b}$，该订货数量也达到了原来的供应链系统所要求的最优水平。事实上，这正是另一种形式的交易信用（即延期付款）所引致的供应链协调效果，本章的命题5-3将会对这一类型的交易信用激励机制做出进一步的阐释。

当然，制造商向消费者所提供的价格补贴也会影响到零售商的最优订货策略选择。根据命题5-1，不难证明 $\partial(K^*(\theta)Q_0)/\partial\theta = \frac{1}{2}e(1-\theta)^{-1-e/2}\sqrt{2D_0(s_v+s_b)/h_b} > 0$，这意味着零售商的订货数量必然会随着制造商所给予消费者价格补贴率的增加而增加。由此可

以得到下面的推论 5 – 1。

推论 5 – 1　在其他条件不变的情况下，通过提高直接给予消费者的价格补贴比例，制造商可以诱使零售商更加积极地增加订货批量。

对推论 5 – 1 不难做出以下理解，在制造商向终端顾客提供更多的价格补贴等优惠条款后，市场需求量将会因为消费者实际支付的零售价的降低而增大。也就是说，制造商所提供的产品较以往更为畅销和更受顾客青睐，那么零售商愿意从上游制造商处采购的产品数量自然也会相应地增加。

5.3.2　最优价格补贴率与提前支付信用期决策

将命题 5 – 1 的 $K^*(\theta)$ 代入式（5 – 7），并进行消项与合并后，制造商的年平均总利润最大化目标就转化为求下面的单变量函数极大值问题：

$$\max TVP(\theta) = \left[(1-\theta)p_0 - (p_0 - w)(1-\theta)^e - c \right] D_0 (1-\theta)^{-e}$$
$$- (1-\theta)^{-e/2} \sqrt{2D_0 h_b (s_v + s_b)} + \sqrt{2D_0 h_b s_b}$$
$$(5-11)$$

求式（5 – 11）中 $TVP(\theta)$ 关于 θ 的一阶导数，经整理后有

$$\frac{dTVP(\theta)}{d\theta} = (1-\theta)^{-1-e} \left\{ \left[(e-1)(1-\theta)p_0 - ec \right] D_0 \right.$$
$$\left. - \frac{1}{2}e(1-\theta)^{e/2} \sqrt{2D_0 h_b (s_v + s_b)} \right\} \quad (5-12)$$

不难看出，为了使式（5 – 12）中的一阶条件 $TVP'(\theta)$ 等于零可能成立，最优的价格补贴率 θ^* 至少需要满足 $(e-1)(1-\theta^*)p_0 - ec > 0$。那么，由该不等式可以推知，

（1）当需求价格弹性系数 $0 < e \leq 1$ 时，上述不等式必然无法成立，那么由式（5 – 12）可知，一阶导数 $TVP'(\theta)$ 将会小于零，从而有边界解 $\theta_1^* = 0$。该边界最优解说明，当市场需求缺乏价格弹性

或者需求价格弹性为单位弹性时，随着制造商给予消费者的价格补贴率的增大，制造商的年平均总利润将会减少，显然这不是制造商所希望的结果。那么，对制造商而言，此时明智的策略选择就是不给予消费者任何的价格补贴。

（2）而当需求价格弹性系数 $e > 1$，即市场需求富有价格弹性时，对上述不等式进行求解，从而可以得到制造商向消费者所提供的最优价格补贴率的上限 $\theta_2^* < \bar{\theta} = 1 - \dfrac{ec}{(e-1)p_0}$。其中，$e > e_1 = p_0 / (p_0 - c)$，且易知 $e_1 > 1$。

为了方便表述，不妨令 $f(\theta) = \big[(e-1)(1-\theta)p_0 - ec\big]D_0 - \dfrac{1}{2}e(1-\theta)^{e/2}\sqrt{2D_0 h_b(s_v + s_b)}$，那么，根据式（5-12）中的一阶最优性条件（first-order optimality condition，FOC），可知制造商直接向消费者提供的最优补贴率 θ_2^* 满足 $f(\theta_2^*) = 0$。此外，如果价格补贴率 θ_2^* 还满足相应的二阶条件，即 $TVP''(\theta)\big|_{\theta_2^*} \leqslant 0$，那么 $TVP(\theta)$ 是一个关于 θ_2^* 的拟凹函数，从而 θ_2^* 为制造商年平均利润函数 $TVP(\theta)$ 的极大值点。求 $TVP(\theta)$ 关于 θ 的二阶导数，有

$$\frac{d^2 TVP(\theta)}{d\theta^2} = e(1-\theta)^{-2-e}\Big\{\big[(e-1)(1-\theta)p_0 - (e+1)c\big]D_0$$

$$-\frac{1}{4}(e+2)(1-\theta)^{e/2}\sqrt{2D_0 h_b(s_v + s_b)}\Big\} \quad （5-13）$$

将 $f(\theta_2^*) = 0$ 代入式（5-13），经整理后，有

$$\frac{d^2 TVP(\theta)}{d\theta^2}\bigg|_{\theta_2^*} = \frac{1}{2}\big[(e-2)(e-1)(1-\theta_2^*)p_0 - e^2 c\big]D_0(1-\theta_2^*)^{-2-e}$$

$$（5-14）$$

继续对式（5-14）展开以下的分析：

①如果 $1 < e \leqslant 2$，那么，显然有 $d^2 TVP(\theta)/d\theta^2\big|_{\theta_2^*} < 0$；

②如果 $e > 2$，那么，当最优价格补贴率 θ_2^* 满足不等式 $\theta_2^* \geqslant \underline{\theta} =$

$1 - \dfrac{e^2 c}{(e-1)(e-2)p_0}$ 时，则有 $d^2 TVP(\theta)/d\theta^2 \big|_{\theta_2^*} \leqslant 0$。其中，$e > e_2 = \dfrac{3p_0 + \sqrt{p_0^2 + 8p_0 c}}{2(p_0 - c)}$，且易知 $e_2 > 2$。

此外，不难验证关系式 $\underline{\theta} < \bar{\theta}$ 是成立的。

命题 5-2 对上述分析过程及结果进行了归纳。

命题 5-2 （1）如果需求价格弹性系数 $0 < e \leqslant e_1$，那么，制造商将不愿意向消费者提供任何的价格补贴，即最优价格补贴率 $\theta_1^* = 0$；（2）如果市场需求比较富有价格弹性，则可以分为以下两种子情形：①若需求价格弹性系数 $e_1 < e \leqslant e_2$，那么最优价格补贴 θ_{21}^* 所在的取值区间为 $0 \leqslant \theta_{21}^* < \bar{\theta}$，且满足 $f(\theta_{21}^*) = 0$；②若需求价格弹性系数 $e > e_2$，那么最优价格补贴 θ_{22}^* 所在的取值区间为 $\underline{\theta} \leqslant \theta_{22}^* < \bar{\theta}$，且满足 $f(\theta_{22}^*) = 0$。

对命题 5-2 可以解释为：当市场需求对零售价格的变化不太敏感时，制造商价格补贴所引起的销售量增加将小于边际利润的减少，最终会导致制造商销售收入的下降，因而制造商需要采取的做法就是不向消费者提供任何的价格补贴。而在需求对价格比较敏感的情况下，制造商可以通过直接给予消费者价格补贴，以放弃一部分边际利润为代价进而获取更大的市场销量与销售收入。

需要说明的是，上述命题 5-2 中函数 $f(\theta^*)$ 的表达式过于复杂，以致无法得到 θ^* 的解析式。因此，本章的第四节将在命题 5-2 所给出的最优价格补贴率 θ^* 的取值范围内，对其进行线性搜索，从而逐步寻得最优价格补贴率 θ^* 的数值解。那么，将最优价格补贴 θ^* 代入命题 5-1，则得到最优倍数 $K^*(\theta^*)$，以及零售商的最优订货数量 $K^*(\theta^*)Q_0$。

再将 θ^* 和 $K^*(\theta^*)$ 一并代入式（5-6），得到命题 5-3 如下。

命题 5-3 在基于价格补贴的供应链交易信用激励机制中，制造商直接向消费者提供价格补贴率 θ^* 时，要求零售商提前支付的最优信用期为：

$$t^*(\theta^*) = \frac{[1-(1-\theta^*)^e](p_0-w)}{wi} + \frac{(1-\theta^*)^e}{wi}\sqrt{\frac{2h_b s_b}{D_0}}$$

$$-\frac{s_v+2s_b}{wi}\sqrt{\frac{(1-\theta^*)^e h_b}{2D_0(s_v+s_b)}} \tag{5-15}$$

特别地，当最优价格补贴率 $\theta^* = 0$ 时，

$$t^* = -\frac{(\sqrt{s_v+s_b}-\sqrt{s_b})^2}{wi}\sqrt{\frac{h_b}{2D_0(s_v+s_b)}} \tag{5-16}$$

由命题 5-2 和命题 5-3 可知，在消费者需求对价格变化不够敏感的特定市场环境中，制造商不愿意给予消费者价格补贴以刺激市场需求，那么零售商的最优提前支付信用期 $t^* < 0$。也就是说，制造商此时需要向零售商提供延期付款形式的交易信用，允许零售商延期支付货款，从而补偿零售商由于订货批量增加而额外负担的成本，进而使分散式供应链中零售商的采购策略得以继续实现协作与全局优化的目标。

将式（5-11）中的制造商年平均总利润 $TVP(\theta)$ 与式（5-2）中制造商的初始年平均总利润 TVP_0 相减，可以得到

$$\Delta TP(\theta) = TVP(\theta) - TVP_0$$

$$= \left| \begin{array}{l} [(1-\theta)p_0 - (p_0-w)(1-\theta)^e - c]D_0(1-\theta)^{-e} \\ -(w-c)D_0 - (1-\theta)^{-e/2}\sqrt{2D_0 h_b(s_v+s_b)} \\ +s_v\sqrt{D_0 h_b/(2s_b)} + \sqrt{2D_0 h_b s_b} \end{array} \right. \tag{5-17}$$

那么，由上式容易知道，当 $\theta=0$ 时，

$$\Delta TP(0) = s_v\sqrt{D_0 h_b/(2s_b)} + \sqrt{2D_0 h_b s_b} - \sqrt{2D_0 h_b(s_v+s_b)}$$

$$= \left[\frac{s_v}{\sqrt{2s_b}} + \sqrt{2s_b} - \sqrt{2s_v+2s_b}\right]\sqrt{D_0 h_b}$$

$$= \left[\sqrt{\frac{(s_v+2s_b)^2}{2s_b}} - \sqrt{2s_v+2s_b}\right]\sqrt{D_0 h_b} \tag{5-18}$$

因为式（5－18）中的表达式 $\dfrac{(s_v + 2s_b)^2}{2s_b} - (2s_v + 2s_b) = s_v^2/2s_b > 0$，所以 $\Delta TP(0) > 0$。又由命题 5－2 可知，制造商的年平均总利润函数 $TVP(\theta)$ 在点 θ^* 可以取得极大值。

因此，接着讨论两种可能的情形：

（1）如果 $\theta^* = 0$，那么 $\Delta TP(\theta^*) = \Delta TP(0) > 0$；（2）如果 $\theta^* \neq 0$，那么极大值点 θ^* 所对应的 $\Delta TP(\theta^*)$ 必然大于非极大值点所对应的 $\Delta TP(0)$，即有 $\Delta TP(\theta^*) > \Delta TP(0) > 0$。

于是，对于给定的制造商初始最优利润 TVP_0，制造商或者供应链系统的利润增量函数 $\Delta TP(\theta)$ 在点 θ^* 也达到了最大化，并且有 $\Delta TP(\theta^*) \geqslant \Delta TP(0) > 0$。从而，我们得知下面的命题 5－4 是成立的。

命题 5－4　与初始的情形相比，制造商通过采用基于价格补贴的供应链交易信用激励机制，可以保证零售商的初始最优利润不会减少，同时能够获得更多的年平均总利润；并且，制造商的最大年平均总利润增量为 $\Delta TP = TVP(\theta^*) - TVP_0$。

命题 5－4 表明，制造商能够在满足零售商的参与约束，也就是保证零售商初始最优利润（即保留利润）不减少的前提下，通过采用基于价格补贴的交易信用激励机制 (θ, t)，使自己获得了与初始情形相比更多的年平均利润，甚至还要大于或等于价格补贴率为零时的相应利润值，并且该利润增量正好是供应链系统的最大利润增量。进一步地，依赖于各自的讨价还价能力以及风险规避态度等因素，制造商和零售商可以对供应链系统的新增利润加以合理分配，进而实现双方利润的帕累托改进。

5.3.3　依赖相对风险规避的系统利润增量分配

当制造商采用基于价格补贴的交易信用激励机制以达到对供应链的协作控制时，整个供应链系统的最大利润增量是 $\Delta TP = \Delta TVP +$

ΔTBP。那么，制造商和零售商可以通过相互协商来对该系统的新增利润进行合理分配，进而实现各自利润的共同增加。为了方便衡量决策主体的风险规避态度，继续假设制造商与零售商的幂效用函数分别为：

$$U_1(\Delta TVP) = (\Delta TVP)^{1-\phi_1}/(1-\phi_1) \qquad (5-19)$$

$$U_2(\Delta TBP) = (\Delta TBP)^{1-\phi_2}/(1-\phi_2) \qquad (5-20)$$

由于 $\phi_1 = -\Delta TVP \dfrac{U_1''(\Delta TVP)}{U_1'(\Delta TVP)}$，$\phi_2 = -\Delta TBP \dfrac{U_2''(\Delta TBP)}{U_2'(\Delta TBP)}$。因此，按照普拉特（1964）给出的定义，$\phi_1$ 和 ϕ_2 则分别是制造商和零售商的相对风险规避度，且二者均为正常数。进一步地，假定权重 λ_1 和 λ_2 分别表示制造商和零售商的讨价还价能力，则有 $\lambda_1 + \lambda_2 = 1$。

那么，根据非对称纳什讨价还价理论，求整个供应链系统的效用函数的最优值，即最大化制造商与零售商各自效用函数的加权乘积，有：

$$
\begin{aligned}
\max U_s(\Delta TVP, \ \Delta TBP) &= \left[U_1(\Delta TVP) \right]^{\lambda_1} \times \left[U_2(\Delta TBP) \right]^{\lambda_2} \\
&= \left[(\Delta TVP)^{1-\phi_1}/(1-\phi_1) \right]^{\lambda_1} \times \\
&\quad \left[(\Delta TBP)^{1-\phi_2}/(1-\phi_2) \right]^{\lambda_2} \qquad (5-21)
\end{aligned}
$$

$$\text{s. t. } \Delta TVP + \Delta TBP = \Delta TP \qquad (5-22)$$

将上面的等式约束代入式（5-21）。然后，令 $\partial U_s/\partial(\Delta TVP) = 0$ 和 $\partial U_s/\partial(\Delta TBP) = 0$，联立求解该方程组，不难得到下面的命题 5-5。

命题 5-5　在基于价格补贴的供应链交易信用激励机制中，通过非对称纳什讨价还价，制造商与零售商各自的年平均利润增量分别为：

$$\Delta TVP = \frac{(1-\phi_1)\lambda_1}{(1-\phi_1)\lambda_1 + (1-\phi_2)\lambda_2} \Delta TP \qquad (5-23)$$

$$\Delta TBP = \frac{(1-\phi_2)\lambda_2}{(1-\phi_1)\lambda_1 + (1-\phi_2)\lambda_2} \Delta TP \qquad (5-24)$$

由命题5－5可知，制造商或零售商所能分享的供应链系统的最优利润增量取决于各自的相对风险规避程度与讨价还价能力。一方面，如果供应链中某一节点成员的相对风险规避度越大，那么，该成员企业所获得的供应链系统的利润增量份额就越小，可以理解为该成员为了规避风险越愿意付出代价；另一方面，某一成员拥有的势力越大或者讨价还价能力越强，则可以获得更多份额的供应链系统的新增利润。特别地，若制造商与零售商双方的相对风险规避度相同并且拥有对等的谈判地位或渠道势力，二者就会平分供应链系统的最优利润增量。

5.4

数值分析

对本章模型中相关参数的取值设定如下：$\alpha = 60000$ 件，$e = 1.5$，$p_0 = 4.5$ 元/件，$w = 3$ 元/件，$c = 0.5$ 元/件，$s_v = 500$ 元/次，$s_b = 300$ 元/次，$h'_b = 5$ 元/件·年，$i = 0.35$/年，$\phi_1 = 0.4$，$\phi_2 = 0.6$，$\lambda_1 = \lambda_2 = 0.5$。

基于上述给定的参数值，根据命题5－2，可以确定最优价格补贴率 θ^* 所落在的区间为 $[0, 0.67)$。那么，在此区间范围内对 θ^* 进行一维搜索，能够得知在基于价格补贴的交易信用激励机制的作用下，制造商直接给予消费者的最优价格补贴率 $\theta^* = 0.38$，以及制造商的最大年平均总利润为 13668.56 元，而零售商的年平均总利润仍然维持在初始情形时的水平不变，即 4651.48 元。再由命题5－1和命题5－3，进而可以得到供应链成员的最优订货批量 $K^* Q_0 = 1837$ 件，以及最优的提前支付信用期 $t^* = 0.51$ 年。

接下来，我们在图5－1、图5－2，以及图5－3中，先后考察了三种不同的需求弹性市场环境下（即当需求弹性 e 的值分别等于 1.0、1.5 和 2.0 时），制造商的年平均总利润函数 $TVP(\theta)$ 关于价格补贴率 θ 的变化趋势。其中，图5－1清楚地显示，随着价格补

贴率 θ 的逐渐增加，制造商的年平均总利润 $TVP(\theta)$ 严格单调递减。因此，只有在补贴率 $\theta^* = 0$ 的端点处，制造商才可以获得最大的年平均总利润。

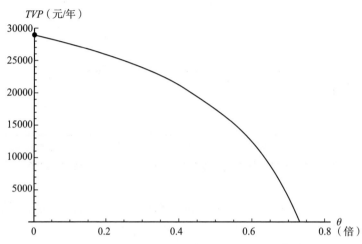

图 5-1　单位需求价格弹性时制造商的年平均总利润变化趋势

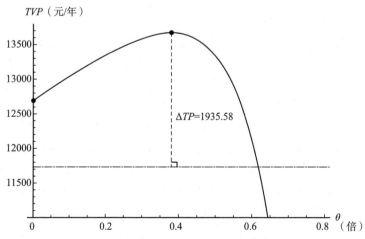

图 5-2　需求价格弹性较低时制造商的年平均总利润变化趋势

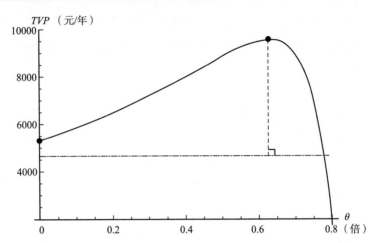

图 5 - 3　需求价格弹性较高时制造商的年平均总利润变化趋势

图 5 - 2 则表明，对于需求价格弹性 $e = 1.5$ 的特定市场环境，当制造商直接给予消费者的价格补贴率上升至 0.38 时，制造商的年平均总利润也随之单调地增加。于是，我们通过合理设计基于价格补贴的供应链交易信用激励机制，最终使得制造商获取了最大的年平均总利润为 13668.56 元。

注意：由于零售商的年平均总利润仍然维持在初始水平时不变，因此，制造商（或者整个供应链）的最大利润增量为 $\Delta TP = 13668.56 - 11732.98 = 1935.58$（元），供应链系统的年平均总利润较初始情形显著地提高了大约 16.50%。

需要指出的是，如果制造商此时不采用基于价格补贴的供应链交易信用激励机制，而纯粹通过延期付款形式的交易信用激励机制（与点 $\theta = 0$ 时的情形相对应）来协调零售商的订货行为，那么，制造商只能获得的最大年平均总利润为 12689.93 元，供应链系统的利润增量仅为 956.95 元。也就是说，在具有这种需求价格弹性的市场环境下，对于整个供应链的协作管理绩效而言，由基于价格补贴的供应链交易信用激励机制要优于单纯的交易信用（即延期付款）激励机制。

从图 5 – 3 可以看出，在需求弹性 $e = 2.0$ 时，与纯粹的交易信用（即延期付款）激励机制相比较，采用基于价格补贴的交易信用激励机制的制造商同样地可以获得更多的年平均总利润。显然，制造商的年平均总利润 $TVP(\theta)$ 是一个关于价格补贴率 θ 的单峰函数。那么，制造商的年平均总利润函数存在极大值点。而且，与图 5 – 2 不同的是，在达到利润曲线的顶点之前，制造商的年平均总利润最初是以递增的速度上升的。

根据命题 5 – 5，通过计算可以得到 $\Delta TVP = 1161.35$ 元和 $\Delta TBP = 774.23$ 元。因此，制造商与零售商的最优年平均总利润分别为 13235.4 元和 5142.0 元。那么，与初始情形下各自的平均利润水平相比，制造商与零售商的年平均利润分别增加了 9.90% 和 16.65%。由此可见，通过提出一种基于价格补贴的供应链交易信用激励机制，并运用非对称纳什讨价还价理论对供应链系统的最优利润增量加以公平和合理的分配，制造商与零售商共同实现了各自年平均总利润水平的提高。

5.5

本章小结

本章基于单一制造商与单一零售商组成的两级供应链，着重考察了制造商或生产厂家在日常经营实践活动中，直接给予消费者价格补贴的商业行为及其对终端顾客需求的刺激与引导作用，并且将供应链成员间贸易往来中比较常见的交易信用政策（即制造商要求零售商提前付款或预先付款）作为一种内生激励工具，通过设计基于价格补贴的供应链交易信用激励机制，研究了分散化决策供应链中制造商与零售商之间的协作管理问题，得到了供应链成员的最优订货数量、最优价格补贴率，以及最优提前支付信用期等运营、营销乃至财务管理方面的联合协调策略。

研究结果表明，在其他条件不变的情况下，随着制造商直接给予消费者的价格补贴率的提高，零售商的最优订货数量将会增加。因而，制造商可以通过制定这种价格补贴政策来引导零售商选择理想的订货行为或采购策略。

我们的研究还表明，对于具有不同需求价格弹性的特定市场环境，需要灵活地设置供应链交易信用激励机制。首先，在市场需求缺乏价格弹性或者需求弹性程度比较低的情况下，制造商由于无利可图而不愿意向消费者提供任何的价格补贴。此时，制造商与零售商仅依赖交易信用（即允许零售商延期付款）激励机制就可以有效地协调双方的策略选择。其次，如果市场需求比较富有价格弹性，或者当终端顾客对产品实际零售价格的变化表现出足够敏感的时候，我们通过制定基于价格补贴的供应链交易信用激励机制，可以在满足零售商参与约束（即保证零售商的初始最优利润不减少）的前提下，使制造商获取了与初始情形相比更大的利润，甚至比纯粹交易信用（即延期付款）激励机制协调时所得的利润还要多。并且，取决于各自的相对风险规避态度与议价能力，制造商和零售商通过非对称纳什讨价还价，对整个供应链的最优新增利润进行了合理分配，最终使得成员双方的年平均总利润实现了帕累托改善的目标。

第**6**章

基于收益共享的供应链
交易信用激励机制研究

在市场需求不确定的供应链管理环境下，本章考虑了零售商的促销活动对市场需求的影响，分别在需求分布的具体形式已知与未知的情形下，研究了由交易信用（即延期付款）和收益共享构成的组合激励机制对于分散化决策供应链的协调作用。其中，还提出了由交易信用（即提前付款或延期付款）和二次订货策略构成的一种新的供应链组合激励机制，进一步研究了分散式供应链中零售商的订货策略和促销行为的优化与协作控制，并且对供应链系统的最优期望利润进行了任意的分配。

6.1
引言

众所周知，随着产品更新换代的加快以及消费者需求的个性化和多样化，当今市场竞争的环境日趋激烈和复杂多变。作为企业营销策略的主要组成部分，促销这一市场竞争的手段开始被越来越多的零售企业所采用，如店面装饰布置、产品摆设和陈列、派发传单、展销，以及推销等，旨在积极宣传产品的质量、性能、价格和特点，树立和维持良好的品牌形象，提高品牌的认知度、美誉度与顾客的忠诚度，进而引导潜在消费者的购买欲望并最终获取更大的市场份额。

在现实中，不少处于供应链上游的生产厂家为了鼓励零售企业加大促销投入力度和提高促销投入效益，甚至对零售企业的促销活动实施了成本补贴的合作方案。就其本质而言，合作促销方案是供应链中的上下游企业之间如何分摊促销投入成本的一种财务安排。值得注意的是，这种合作促销方案在许多行业的传统分销渠道中扮演着举足轻重的角色。比如，布伦南（Brennan，1988）阐明，国际商业机器公司（IBM）分担了零售商一半的促销支出；卑尔根和约翰（Bergen and John，1997）指出，家电零售商从制造商那里获得了超过75%的促销费用资助；据报道，在计算机行业，英特尔（Intel）公司自1991年以来启动了一项庞大的合作促销计划——内置英特尔（Intel Inside）计划，即下游的电脑生产商只要在其相关产品的促销广告中加入了"内置英特尔"图像或标识，英特尔公司就会为其支付40%的促销费用（这一比例在中国国内是30%）。

目前，国内外不少学者对供应链合作促销问题进行了研究，其中大多数文献考虑的是确定性需求下的合作促销博弈问题，比如，黄和李（2002）、岳等（2006）、谢和韦（Xie and Wei，2009）、Xie和奈拉特（Neyret，2009），以及赛义德伊斯法哈尼（SeyedEsfahani）等（2011），等等。也有一些文献考虑了广告促销的延迟效应，对合作促销进行了多阶段（多周期）的动态均衡分析。例如，乔根森（Jorgensen）等（2000，2003）基于微分对策理论解决了动态环境下的纵向合作促销决策问题；何等（2009）建立随机微分对策模型研究了供应链合作促销策略与定价问题。

由此可见，目前的文献较少研究随机需求下合作促销方案对于供应链成员的采购策略和促销行为的激励与协调作用。实际上，在促销努力影响随机需求的分散式决策供应链中，纯粹的合作促销方案虽然能够激励零售商增加促销投入数量，但是无法使零售商的订货数量也同时增加至供应链系统的最优水平。因此，非常有必要继续引入一些新的激励机制来同时协调零售商的采购行为和促销决策，并且可以使得制造商与零售商能够对供应链系统的最优期望利润进行任意的分配。

此外，由于市场需求通常还受到质量、价格，以及服务等诸多因素的影响，企业可以收集到的关于实际需求的信息往往是有限的，因而难以确切地知晓市场需求的具体分布，特别是对于一些刚刚上市的新产品来说。那么，在随机需求依赖促销努力且需求分布形式未知的市场环境下，还需要进一步分析相关企业的订货策略和促销行为。现有的相关文献中，加列戈和穆恩（Gallego and Moon, 1993）在仅知道需求的均值与方差的条件下，考察了未知需求分布的报童问题；阿尔法雷斯和埃莫拉（Alfares and Elmorra, 2005）将分布未知的报童模型分析推广到了考虑缺货惩罚成本的情形；李和许（2011）进一步讨论了促销投入对未知需求分布报童问题的影响。但是，上述文献基本上局限于单个企业的优化决策视角，却忽略了未知需求分布下企业所处供应链的协调与全局优化问题，而需求分布未知可能会对分散化决策供应链系统的运作绩效与竞争能力产生重要影响。

为此，我们将分别在需求分布已知与未知条件下，对面向供应链协作管理的交易信用激励机制展开研究，进而提出一种由交易信用（即延期付款）和收益共享构成的组合激励机制。需要指出的是，在现实中，对于随机需求依赖促销的单周期销售情形，一些零售商还可以在销售季节末进行二次订货以满足愿意等待的顾客需求。那么，拥有二次订货机会的零售商如何科学地决策订货行为与促销投入，以及又怎样设计交易信用激励机制对分散式供应链中零售商的行为进行协调与控制，已经成为一个亟待研究和解决的问题。然而，很少有文献将交易信用（包括延期付款或提前付款）作为一种激励工具，来研究带有二次订货机会的供应链协作控制问题。

6.2

已知需求分布下的供应链组合激励机制

本节以一体化供应链系统的最优策略组合作为基准，比较分析了在合作促销方案下分散式供应链中零售商的最优订货策略与最优促销行为，指出单一的合作促销安排只能实现供应链的部分协调。于是，设计了由交易信用（即延期付款）和收益共享构成的组合激励机制，对零售商的最优策略选择进行了协作控制，实现了系统最优期望利润在供应链成员之间的任意分配，从而使得分散式供应链达到了完全协调的目标。

根据经济学中的促销支出效应与边际报酬递减规律，假设市场期望需求 $D(a)$ 是一个关于零售商促销投入 a 的严格递增的凹函数。也就是说，期望需求函数 $D(a)$ 具有以下两点性质：$D'(a) > 0$，和 $D''(a) < 0$。为了具体刻画单个销售季节内市场需求的不确定性，不妨将实际需求 $RD(a, \varepsilon)$ 表示为期望需求 $D(a)$ 与均值为零的随机扰动项 ε 之和，即加和的形式：$RD(a, \varepsilon) = D(a) + \varepsilon$。这里，$\varepsilon$ 是一个与 a 独立的随机变量，服从区间 $[A, B]$ 上的任一类型分布，如均匀分布、指数分布或正态分布等；且 $A \geq -D(a)$，以保证实际需求为非负。随机变量 ε 的概率密度函数为 $f(x)$，累积分布函数为 $F(x)$，并且 $F(x)$ 是一个连续的、可微的，以及严格递增的函数。那么，实际需求的概率密度函数为：

$$g(y, a) = f(y - D(a)) \qquad (6-1)$$

继续假设单位产品的批发价格为 w，单位产品的生产成本为 c，单位产品的零售价格为 p，销售季节末没能销售出去的单位产品的残值为 r，零售商的订货数量为 Q，单位促销投入的费用为 e，制造商愿意承担零售商促销成本的比例（即促销补贴率）为 τ，且 $0 \leq \tau \leq 1$。为了不失一般性，我们假定 $p > w > c > r$。

基于以上假设与符号定义，制造商、零售商以及供应链系统的利润函数分别为：

$$\prod_m = (w - c)Q - \tau \times ea \qquad (6-2)$$

$$\prod_r = p\min\{RD(a, \varepsilon), Q\} - wQ + r[Q - RD(a, \varepsilon)]^+$$
$$- (1 - \tau) \times ea \qquad (6-3)$$

$$\prod_s = \prod_m + \prod_r = p\min\{RD(a, \varepsilon), Q\} - cQ$$
$$+ r[Q - RD(a, \varepsilon)]^+ - ea \qquad (6-4)$$

其中，$[X]^+ = \max[0, X]$。

6.2.1 集中决策与分散决策的比较分析

考虑制造商与零售商双方组成一个整体，以一体化供应链系统的期望利润最大化为目标，联合决定最优的订货数量与促销水平。那么，供应链系统的最优控制问题为：

$$\max_{Q,a}E(\prod_s) = p\{\int_{A+D(a)}^{Q} yg(y; a)\mathrm{d}y + \int_{Q}^{B+D(a)} Qg(y; a)\mathrm{d}y\}$$
$$+ r\int_{A+D(a)}^{Q} (Q - y)g(y; a)\mathrm{d}y - cQ - ea \qquad (6-5)$$

将式（6-1）代入式（6-5），然后通过变量替换可得

$$\max_{Q,a}E(\prod_s) = p\{\int_{A}^{Q-D(a)} (D(a) + x)f(x)\mathrm{d}x + \int_{Q-D(a)}^{B} Qf(x)\mathrm{d}x\}$$
$$+ r\int_{A}^{Q-D(a)} (Q - D(a) - x)f(x)\mathrm{d}x - cQ - ea$$

$$(6-6)$$

命题6-1 （1）供应链的总体期望利润 $E(\prod_s)$ 是关于 Q 和 a 的联合凹函数；（2）供应链系统的最优订货数量 $Q^* = D(a^*) + F^{-1}\left(\dfrac{p-c}{p-r}\right)$，以及最优促销投入 $a^* = D'^{-1}\left(\dfrac{e}{p-c}\right)$。

证明：首先，分别求 $E(\prod_s)$ 关于 Q 和 a 的二阶偏导数，有：

$$\frac{\partial^2 E(\prod_s)}{\partial Q^2} = -(p-r)f(Q-D(a)) < 0 \qquad (6-7)$$

$$\frac{\partial^2 E(\prod_s)}{\partial a^2} = D''(a)(p-r)F(Q-D(a))$$
$$-(p-r)f(Q-D(a))[D'(a)]^2 < 0 \qquad (6-8)$$

$$\frac{\partial^2 E(\prod_s)}{\partial Q \partial a} = \frac{\partial^2 E(\prod_s)}{\partial a \partial Q} = (p-r)f(Q-D(a))D'(a) > 0$$
$$(6-9)$$

然后，可得黑森（Hessian）矩阵的行列式值：

$$\det(H) = \frac{\partial^2 E(\prod_s)}{\partial Q^2} \cdot \frac{\partial^2 E(\prod_s)}{\partial a^2} - \left(\frac{\partial^2 E(\prod_s)}{\partial Q \partial a}\right)^2$$
$$= -D''(a)(p-r)^2 f(Q-D(a))F(Q-D(a)) > 0$$
$$(6-10)$$

综上可以判断，供应链系统的期望利润函数 $E(\prod_s)$ 的黑森矩阵是负定的。从而获知，系统总体期望利润函数 $E(\prod_s)$ 是关于 Q 和 a 的联合凹函数，存在唯一的极大值点 (Q^*, a^*)。换句话说，该点也是总体期望利润函数 $E(\prod_s)$ 的最大值点。因此，令 $E(\prod_s)$ 关于 Q 和 a 的一阶偏导数分别等于零，经整理后有：

$$\begin{cases} \dfrac{\partial E(\prod_s)}{\partial Q} = (p-c) - (p-r)\displaystyle\int_A^{Q-D(a)} f(x)\,\mathrm{d}x \\ \qquad\quad = (p-c) - (p-r)F(Q-D(a)) = 0 \\ \dfrac{\partial E(\prod_s)}{\partial a} = -e + D'(a)(p-r)\displaystyle\int_A^{Q-D(a)} f(x)\,\mathrm{d}x \\ \qquad\quad = -e + D'(a)(p-r)F(Q-D(a)) = 0 \end{cases}$$
$$(6-11)$$

解此联立方程组，即得到命题 6 - 1 中的 Q^* 和 a^*。证毕。

从命题 6 - 1 可知，供应链系统的最优订货策略与促销策略组合是存在并且唯一的。接下来，我们将以供应链系统的最优策略组合作为基准或标杆（benchmark），比较分析非一体化决策模型中零售商相应的最优策略选择，首先考察单纯的合作促销方案对于分散化决策供应链协调的局限性，进而说明由交易信用（即延期付款）和收益共享构成的组合激励机制对于供应链协作管理的重要性。

6.2.2　考虑收益共享的供应链组合激励机制

在现实中，制造商或零售商作为独立的经济利益主体，经常会从自身目标利益出发来进行策略选择，而往往置整个供应链系统的利益于不顾，因此需要引入新的激励机制来协调供应链成员的利己化行为。我们发现，在分散化决策情形中，制造商与零售商仅仅基于单一的合作促销方案，无法实现非一体化供应链的完全协调。

首先，由式（6 - 3），知道零售商的目标期望利润函数为：

$$\max_{Q,a} E\left(\prod{}_r\right) = p\left\{\int_A^{Q-D(a)} (x + D(a))f(x)\,\mathrm{d}x + \int_{Q-D(a)}^B Qf(x)\,\mathrm{d}x\right\}$$
$$+ r\int_A^{Q-D(a)} (Q - D(a) - x)f(x)\,\mathrm{d}x - wQ - (1 - \tau) \times ea$$

$$(6 - 12)$$

对式（6 - 12）进行最优化处理，得到命题 6 - 2 如下：

命题 6 - 2　在合作促销计划中，零售商的最优订货数量为 $Q^\tau = D(a^\tau) + F^{-1}\left(\dfrac{p - w}{p - r}\right)$，并且零售商的最优促销投入为 $a^\tau = D'^{-1}\left(\dfrac{(1 - \tau)e}{p - w}\right)$。

证明：同理可证，$E\left(\prod{}_r^\tau\right)$ 是一个关于 Q 和 a 的联合凹函数。

因此，为了最大化零售商的期望利润，令 $E(\prod_r^\tau)$ 关于 Q 和 a 的一阶偏导数分别等于零，有

$$
\begin{cases}
\dfrac{\partial E(\prod_r^\tau)}{\partial Q} = (p-w) - (p-r)\displaystyle\int_A^{Q-D(a)} f(x)\,\mathrm{d}x \\
\qquad\quad = (p-w) - (p-r)F(Q-D(a)) \\
\qquad\quad = 0 \\[2mm]
\dfrac{\partial E(\prod_r^\tau)}{\partial a} = -(1-\tau)e + D'(a)(p-r)\displaystyle\int_A^{Q-D(a)} f(x)\,\mathrm{d}x \\
\qquad\quad = -(1-\tau)e + D'(a)(p-r)F(Q-D(a)) \\
\qquad\quad = 0
\end{cases}
$$

$$(6-13)$$

联立解之，即得到唯一的极大值点 (Q^τ, a^τ)。证毕。

由命题 6-2，容易得到下面的推论 6-1。

推论 6-1　在其他参数不变的条件下，随着制造商对零售商促销费用的补贴率的增加，零售商的最优促销投入数量也会增加。

证明： 由期望需求函数的性质，已知 $D''(\cdot)<0$，进而可以得知其导函数 $D'(\cdot)$ 是严格单调递减的。那么，$D'(\cdot)$ 的反函数 $D'^{-1}(\cdot)$ 同样也是一个单调递减的函数。因此，根据命题 6-2，可知 $\partial a^\tau/\partial\tau>0$。也就是说，零售商的最优促销投入数量 a^τ 将会随着补贴率 τ 的增加而严格地增加。证毕。

因此，制造商可以充分利用补贴率这一合作促销安排，诱导零售商提高促销投入的努力程度，使其达到制造商所希望的目标水平，从而刺激市场平均需求量和下游零售商订货规模的增大，进而实现制造商自身期望利润的改善。然而，下面的命题 6-3 表明，对于随机需求环境下的非一体化供应链，该合作促销方案无法使零售商的订货数量和促销投入同时达到各自的系统最优水平。

命题 6-3　将合作促销方案与一体化决策两种情形下零售商

相应的最优策略加以比较，可以发现：（1）当补贴率 $\tau = \dfrac{w-c}{p-c}$ 时，$a^\tau = a^*$；（2）但在结论（1）成立时，$Q^\tau < Q^*$；（3）由结论（1）-（2），有 $E(\prod_s^\tau) < E(\prod_s^*)$。

证明： 根据命题 6-1 和命题 6-2，进行如下推理，

（1）由于 $D'^{-1}(\cdot)$ 是一个严格递减的函数，故 $D'^{-1}(\cdot)$ 与其自变量之间存在一一对应的关系。为使 $a^\tau = a^*$，需要 $\dfrac{(1-\tau)e}{p-w} = \dfrac{e}{p-c}$，由此可以得到 $\tau = \dfrac{w-c}{p-c}$。

（2）当 $a^\tau = a^*$ 时，$Q^\tau - Q^* = F^{-1}\left(\dfrac{p-w}{p-r}\right) - F^{-1}\left(\dfrac{p-c}{p-r}\right)$，因为 $F^{-1}(\cdot)$ 是一个严格递增的函数，且 $w > c$，故 $F^{-1}\left(\dfrac{p-w}{p-r}\right) < F^{-1}\left(\dfrac{p-c}{p-r}\right)$，从而 $Q^\tau < Q^*$。

（3）显然，供应链的总体期望利润 $E(\prod_s) = E(\prod_m) + E(\prod_r)$，由于点 (Q^*, a^*) 是供应链总体期望利润函数的唯一极大值点，那么，该点所对应的最优总体期望利润 $E(\prod_s^*)$ 必然大于非极大值点 (Q^τ, a^τ) 所决定的总体期望利润 $E(\prod_s^\tau)$。证毕。

从命题 6-3 可知，在随机需求依赖促销的非一体化供应链中，制造商承诺对零售商的促销支出进行补贴，尽管可以引导零售商将促销投入提高至垂直一体化决策时的最优水平，但无法同时激励零售商将订货量也增加至系统的最优数量（除非零售面临的实际需求是确定性的），最终导致该分散式供应链的期望利润仍然低于一体化决策时的水平。因此，单一的合作促销方案只能实现非一体化供应链的部分协调。

为了对非一体化供应链中零售商的订货策略与促销行为进行协作控制，制造商与零售商一起制定由交易信用（即延期付款）和收益共享构成的组合激励机制。其中，制造商允许零售商延期付款的信用期为 t，此时，零售商可望额外获得的一笔机会投资收益为 $wQit$（i 是资金的年机会投资收益率），而制造商则会相应地承担了资金的机会成本；同时，零售商同意将占其销售收入份额为 $\phi(0 \leqslant \phi \leqslant 1)$ 的收益共享给制造商。此外，制造商继续承诺补贴零售商促销费用的比例为 τ。显然，如果通过适当地调整相关激励参数，可以对系统的总体期望利润进行任意的分配，那么能够实现供应链成员期望利润的共同改善，制造商和零售商就会自觉地实施上述组合激励机制。

那么，制造商和零售商的期望利润函数分别转换为：

$$E\left(\prod_m^t\right) = \phi p\left\{\int_A^{Q-D(a)} (x + D(a))f(x)\,dx + \int_{Q-D(a)}^B Qf(x)\,dx\right\}$$
$$+ (w - c)Q - \tau \times ea - wQit \qquad (6-14)$$

$$E\left(\prod_r^t\right) = (1 - \phi)p\left\{\int_A^{Q-D(a)} (x + D(a))f(x)\,dx + \int_{Q-D(a)}^B Qf(x)\,dx\right\}$$
$$+ r\int_A^{Q-D(a)} (Q - D(a) - x)f(x)\,dx - wQ$$
$$- (1 - \tau) \times ea + wQit \qquad (6-15)$$

命题 6-4 在由交易信用和收益共享构成的组合激励机制的协调作用下，零售商愿意选择的最优订货数量为 $Q^t = D(a^t) + F^{-1}\left(\dfrac{(1-\phi)p - (1-it)w}{(1-\phi)p - r}\right)$，并且零售商的最优促销投入水平为 $a^t = D'^{-1}\left(\dfrac{(1-\tau)e}{(1-\phi)p - (1-it)w}\right)$。

证明：同理可证，$E\left(\prod_r^t\right)$ 是一个关于 Q 和 a 的联合凹函数。因此，为了使零售商的期望利润 $E\left(\prod_r^t\right)$ 最大化，令 $E\left(\prod_r^t\right)$ 关于 Q 和 a 的一阶偏导数分别等于零，有

$$\begin{cases} \dfrac{\partial E(\prod_{r}^{t})}{\partial Q} = \left[(1-\phi)p - (1-it)w\right] - \left[(1-\phi)p - r\right]\displaystyle\int_{A}^{Q-D(a)} f(x)\,\mathrm{d}x \\ \qquad\quad = \left[(1-\phi)p - (1-it)w\right] - \left[(1-\phi)p - r\right]F(Q - D(a)) \\ \qquad\quad = 0 \\ \dfrac{\partial E(\prod_{r}^{t})}{\partial a} = -(1-\tau)e + D'(a)\left[(1-\phi)p - r\right]\displaystyle\int_{A}^{Q-D(a)} f(x)\,\mathrm{d}x \\ \qquad\quad = -(1-\tau)e + D'(a)\left[(1-\phi)p - r\right]F(Q - D(a)) \\ \qquad\quad = 0 \end{cases}$$

$$(6-16)$$

联立解之，即得到唯一的极大值点 $(Q^{t},\ a^{t})$。证毕。

由命题 6 - 4，不难得到下面的推论 6 - 2。

推论 6 - 2　给定其他参数不变，当制造商提供的信用期 t 增加时，零售商的最优订货数量 Q^{t} 和最优促销投入 a^{t} 也分别会随之增加。

证明：与推论 6 - 1 的证明类似，因为 $D'^{-1}(\cdot)$ 是一个单调递减的函数，所以由命题 6 - 4 容易推导出 $\partial a^{t}/\partial t > 0$，即零售商的最优促销投入水平 a^{t} 在信用期区间 $t > 0$ 上是单调递增的；于是，再根据命题 6 - 4，且已经知道分布函数的逆 $F^{-1}(\cdot)$ 是一个严格递增的函数，可以证明 $\partial Q^{t}/\partial t > 0$。换言之，最优订货数量 Q^{t} 将会随信用期 t 的增加而增加，这与戈雅尔（Goyal，1985）的结论是一致的。证毕。

推论 6 - 2 表明，制造商如果希望零售商追加促销投入或扩大订货规模，还可以选择向零售商提供较长的延期支付信用期作为激励。因此，通过引入由交易信用和收益共享构成的组合激励机制，应该能够解决分散化决策供应链中单纯的合作促销方案无法解决的零售商订货数量不足的问题。命题 6 - 5 正好对由交易信用和收益共享构成的组合激励机制进行了设置，实现了非一体化供应链系统协作管理的目标。

命题6-5 在由交易信用和收益共享构成的组合激励机制中，如果制造商允许零售商延期支付的信用期 $t = \dfrac{(p-r)(w-c)+(c-r)\phi p}{(p-r)wi}$，和向零售商承诺的促销补贴率 $\tau = \dfrac{\phi p}{p-r}$，那么非一体化供应链能够实现完全协调的目标。

证明： 为了使非一体化供应链系统达到协调的目标，需令 $a^t = a^*$ 和 $Q^t = Q^*$。那么，根据命题6-1和命题6-5，可以得到以下方程组：

$$\begin{cases} \dfrac{(1-\tau)e}{(1-\phi)p-(1-it)w} = \dfrac{e}{p-c} \\[3mm] \dfrac{(1-\phi)p-(1-it)w}{(1-\phi)p-r} = \dfrac{p-c}{p-r} \end{cases}$$

联立解之，即得到供应链组合激励机制的最优参数 (ϕ, t, τ)。证毕。

显然，从命题6-5可知，制造商在进行信用期和补贴率决策时，要视收益共享系数的大小而定。根据双方的议价能力与风险态度，制造商和零售商通过协商收益共享系数，可以对供应链系统的最优期望利润进行任意的分配。

于是，下面的推论6-3分别考察了三种极端情形：

推论6-3 （1）$0 \leqslant \phi \leqslant \bar{\phi} = 1-r/p$；并且，（2）当 $\phi=0$ 时，信用期 $t=(w-c)/wi$，补贴率 $\tau=0$。此时，零售商可以独享供应链协调时的全部期望利润；（3）当 $\phi=1-r/p$ 时，信用期 $t=(w-r)/wi$，补贴率 $\tau=1$，此时制造商完全垄断了供应链系统的最优期望利润。

证明： 已知 $\tau \in [0,1]$，由命题6-5，容易推导出其中的结论（1）。首先将收益共享参数 $\phi=0$ 分别代入命题6-5中交易信用期和促销补贴率的表达式可以先后得到信用期 t 和补贴率 τ 的值，然后一并代入式（6-14）或式（6-15），不难验证制造商的期望利润为零，或者零售商的期望利润刚好等于供应链系统的最优期望利润。也就是说，供应链系统的最优期望利润完全归零售商一方独有，即结论（2）得证；同理可证结论（3）。证毕。

6.2.3 带有二次订货机会的供应链组合激励机制

本节假设零售商在销售季节末拥有二次订货机会，也就是说，除了在销售季节开始之前向制造商发出订单外，零售商还可以在销售季节末向制造商追加一次订货，制造商则立即组织第二次生产以完成零售商提交的紧急订单。首先分析了二次订货策略对于分散式供应链协作管理的局限性，即无法对供应链系统的最优期望利润进行任意的分配，然后提出了由交易信用（即延期付款或提前付款）和二次订货策略构成的一种新的组合激励机制，实现了该分散式供应链的完全协调。

假定零售商在销售季节末可以向制造商进行二次订货以满足愿意等待的顾客需求，其中，第 j 次订货时单位产品的批发价为 $w_j(j=1,2,\text{且 }w_1<w_2)$，制造商在第 j 次生产时单位生产成本为 $c_j(j=1,2,\text{且 }c_1<c_2)$。短缺产品允许完全拖后供给，且单位产品延迟交货的成本为 c_b。此外，模型的其他假设及符号定义与前文相同。为了不失一般性，有 $p\geqslant w_2+c_b$，$w_2\geqslant c_2$，以及 $w_1>c_1>r$。

基于上述问题描述与假设，通过比较订货数量与实际需求的大小关系，能够得到零售商的利润函数为：

$$\prod_r = \begin{cases} p\times RD(a,\varepsilon)+r[Q-RD(a,\varepsilon)]-w_1Q-(1-\tau)\times ea \\ \quad \text{如果 } RD(a,\varepsilon)\leqslant Q \\ pQ+(p-w_2-c_b)[RD(a,\varepsilon)-Q]-w_1Q-(1-\tau)\times ea \\ \quad \text{如果 } RD(a,\varepsilon)>Q \end{cases}$$

$$(6-17)$$

同样地，不难知道制造商的利润函数为：

$$\prod_m = \begin{cases} (w_1-c_1)Q-\tau\times ea & \text{如果 } RD(a,\varepsilon)\leqslant Q, \\ (w_1-c_1)Q+(w_2-c_2)[RD(a,\varepsilon)-Q]-\tau\times ea \\ \quad \text{如果 } RD(a,\varepsilon)>Q \end{cases}$$

$$(6-18)$$

在集中化决策模型中，制造商与零售商可以被视为一个共同的决策主体，并且以整个供应链的期望利润最大化为目标，同时对促销投入与订货数量作出最优的选择。由式（6-17）和式（6-18），可以得到整个供应链系统的利润函数为：

$$\prod{}_s = \prod{}_m + \prod{}_r = \begin{cases} p \times RD(a, \varepsilon) + r[Q - RD(a, \varepsilon)] - c_1 Q - ea, \\ \text{如果 } RD(a, \varepsilon) \leqslant Q \\ pQ + (p - c_2 - c_b)[RD(a, \varepsilon) - Q] - c_1 Q - ea \\ \text{如果 } RD(a, \varepsilon) > Q \end{cases}$$

$$(6-19)$$

对式（6-19）求积分，并通过变量替换后，进而得到供应链系统的期望利润函数为：

$$E(\prod{}_s) = (p - c_2 - c_b)D(a) + (c_2 + c_b - c_1)Q$$
$$- (c_2 + c_b - r)\int_A^{Q-D(a)} (Q - D(a) - x)f(x)\,\mathrm{d}x - ea$$

$$(6-20)$$

容易证明，二阶偏导数 $\partial^2 E(\prod{}_s)/\partial Q^2 = -(c_2 + c_b - r)f(Q - D(a)) < 0$，和二阶偏导数 $\partial^2 E(\prod{}_s)/\partial a^2 = (p - c_2 - c_b)D''(a) + (c_2 + c_b - r)F(Q - D(a))D''(a) - (c_2 + c_b - r)f(Q - D(a))[D'(a)]^2 < 0$，以及二阶混合偏导数 $\dfrac{\partial^2 E(\prod{}_s)}{\partial Q \partial a} = \dfrac{\partial^2 E(\prod{}_s)}{\partial a \partial Q} = (c_2 + c_b - r)f(Q - D(a))D'(a) > 0$。那么，根据汤普金斯（Topkis）特征定理，可知 $E[\prod{}_s(Q, a)]$ 是一个超模（supermodular）函数［关于汤普金斯特征定理的具体内容，请参见米尔格罗姆和罗伯茨（Milgrom and Roberts, 1990）］。

此外，供应链系统的期望利润函数 $E[\prod{}_s(Q, a)]$ 的 Hessian 矩阵的行列式值

$$\det(H) = \frac{\partial^2 E(\prod_s)}{\partial Q^2} \cdot \frac{\partial^2 E(\prod_s)}{\partial a^2} - \frac{\partial^2 E(\prod_s)}{\partial Q \partial a} \cdot \frac{\partial^2 E(\prod_s)}{\partial a \partial Q}$$

$$= -D''(a)f(Q-D(a))\big[(p-c_2-c_b)(c_2+c_b-r)$$

$$+ (c_2+c_b-r)^2 F(Q-D(a))\big] > 0$$

因此，供应链系统的期望利润是一个关于 Q 和 a 的严格凹函数，有且仅有唯一的极大值点 (Q^*, a^*)。于是，求 $E[\prod_s(Q, a)]$ 分别关于 Q 和 a 的一阶偏导数并令其等于零，有：

$$\begin{cases} \dfrac{\partial E[\prod_s(Q, a)]}{\partial Q} = (c_2+c_b-c_1) - (c_2+c_b-r)\displaystyle\int_A^{Q-D(a)} f(x)\,\mathrm{d}x \\ \qquad\qquad\quad = (c_2+c_b-c_1) - (c_2+c_b-r)F(Q-D(a)) \\ \qquad\qquad\quad = 0 \\ \dfrac{\partial E[\prod_s(Q, a)]}{\partial a} = (p-c_2-c_b)D'(a) + (c_2+c_b-r)D'(a) \\ \qquad\qquad\quad \displaystyle\int_A^{Q-D(a)} f(x)\,\mathrm{d}x - e \\ \qquad\qquad\quad = (p-c_2-c_b)D'(a) + (c_2+c_b-r)D'(a) \\ \qquad\qquad\quad F(Q-D(a)) - e \\ \qquad\qquad\quad = 0 \end{cases}$$

$$(6-21)$$

对上述方程组联立求解，则得到命题 6-6 中的最优促销投入与最优订货数量。

命题 6-6 在集中化决策情形中，供应链系统的最优促销投入 $a^* = D'^{-1}\left(\dfrac{e}{p-c_1}\right)$；同时，供应链系统的最优订货数量 $Q^* = D(a^*) + F^{-1}\left(\dfrac{c_2+c_b-c_1}{c_2+c_b-r}\right)$。

从命题 6-6 容易看出，在其他条件不变的情况下，供应链系统的最优订货量将随着促销投入的增加而增加。这是由于追加的促销投入引致市场销售量上升进而刺激了订货量的增大。事实上，由系统期望利润函数的超模性（该性质蕴含着订货数量与促销投入之间的互补性关系）可以直接得出相同的结论。接下来，我们以集中化决策模型作为参照标准，比较分析分散化决策系统中零售商的最优促销投入和最优订货策略，首先考察二次订货策略对分散式供应链中零售商行为的激励与协调作用。

供应链中的制造商或零售商作为独立的经济利益主体，在选择经济行为时往往会追求个体目标利益的最大化，而忽略了整个供应链的总体利润。我们研究发现在分散化决策情形中，即使零售商可以采用二次订货策略和合作促销方案，仍然难以实现分散式供应链的完全协调。

由式（6-17）知，零售商的期望利润函数为：

$$\max_{Q,a} E\left(\prod_r^\tau\right) = (p - w_2 - c_b)D(a) + (w_2 + c_b - w_1)Q$$
$$- (w_2 + c_b - r)\int_A^{Q-D(a)}(Q - D(a) - x)f(x)\mathrm{d}x$$
$$- (1 - \tau) \times ea \qquad (6-22)$$

对式（6-22）进行最优化处理，得到：

命题 6-7　在合作促销方案中，零售商的最优促销投入 $a^\tau = D'^{-1}\left(\dfrac{1-\tau}{p-w_1}e\right)$，并且零售商选择的最优订货数量 $Q^\tau = D(a^\tau) + F^{-1}\left(\dfrac{w_2 + c_b - w_1}{w_2 + c_b - r}\right)$。

证明：同样地，$E\left[\prod_r^\tau(Q, a)\right]$ 也是一个关于 Q 和 a 的联合凹函数。因此，为了最大化零售商的目标期望利润，只需令 $E\left[\prod_r^\tau(Q, a)\right]$ 分别关于 Q 和 a 的一阶偏导数等于零，有：

$$\begin{cases} \dfrac{\partial E[\,\prod_r^\tau(Q,a)\,]}{\partial Q} = (w_2 + c_b - w_1) - (w_2 + c_b - r)\displaystyle\int_A^{Q-D(a)} f(x)\,\mathrm{d}x \\ \qquad\qquad = 0 \\ \dfrac{\partial E[\,\prod_r^\tau(Q,a)\,]}{\partial a} = (p - w_2 - c_b)D'(a) + (w_2 + c_b - r)D'(a) \\ \qquad\qquad \displaystyle\int_A^{Q-D(a)} f(x)\,\mathrm{d}x - (1-\tau)\times e \\ \qquad\qquad = 0 \end{cases}$$

$$(6-23)$$

联立解之，即得到唯一的最大值点 (Q^τ, a^τ)。证毕。

由命题 6-7 可知，随着制造商提供的促销费用补贴率的增加，零售商将会增加最优促销投入和最优采购数量。进一步地，由于 $F^{-1}(\cdot)$ 是一个严格递增的函数，故下面的推论 6-4 是成立的。

推论 6-4　在其他参数不变的条件下，当第二次订货的批发价格上升，或者延期交货的成本增加时，零售商的最优订货数量将会增加。

显然，如果在第二次追加订货时的采购成本上升，或延迟补货的成本增加，那么零售商将在销售季节开始之前选择订购更多数量的产品，从而尽可能减少第二阶段的补货数量以控制总体订货成本。

命题 6-8　将合作促销方案下的分散决策情形与集中决策情形进行比较，可以发现：（1）当制造商给予零售商的促销补贴率 $\tau = \dfrac{w_1 - c_1}{p - c_1}$ 时，$a^\tau = a^*$；（2）但是，在结论（1）成立的前提下，①如果 $c_2 \leqslant w_2 < \tilde{w}$，那么 $Q^\tau < Q^*$；②如果 $w_2 = \tilde{w}$，那么 $Q^\tau = Q^*$；③如果 $\tilde{w} < w_2 \leqslant p - c_b$，那么 $Q^\tau > Q^*$。其中，$\tilde{w} \triangleq \dfrac{(w_1 - r)c_2 + (w_1 - c_1)(c_b - r)}{c_1 - r}$。

证明：根据命题 6-6 和命题 6-7，进一步做出以下分析：

（1）因为 $D''(\cdot)<0$，所以 $D'(\cdot)$ 是一个严格递减的函数，可知其逆函数 $D'^{-1}(\cdot)$ 也是严格递减的，故 $D'^{-1}(\cdot)$ 与其自变量之间存在一一对应的关系。为了使得 $a^\tau=a^*$，需要 $\dfrac{1-\tau}{p-w_1}e=$

$\dfrac{e}{p-c_1}$，进而可以得到补贴率 $\tau=\dfrac{w_1-c_1}{p-c_1}$；

（2）当 $a^\tau=a^*$ 时，$Q^\tau-Q^*=F^{-1}\left(\dfrac{w_2+c_b-w_1}{w_2+c_b-r}\right)-$

$F^{-1}\left(\dfrac{c_2+c_b-c_1}{c_2+c_b-r}\right)$，由于 $F^{-1}(\cdot)$ 是一个严格递增的函数，故当

$\dfrac{w_2+c_b-w_1}{w_2+c_b-r}=\dfrac{c_2+c_b-c_1}{c_2+c_b-r}$，即 $w_2=\tilde{w}\triangleq\dfrac{(w_1-c_1)(c_b-r)+(w_1-r)c_2}{c_1-r}$

时，可得 $Q^\tau=Q^*$；但是，当 $c_2\leqslant w_2<\tilde{w}$ 时，有 $Q^\tau<Q^*$；而当 $\tilde{w}<w_2\leqslant p-c_b$ 时，有 $Q^\tau>Q^*$。证毕。

从命题 6-8 可知，制造商向零售商承诺分担一定比例的促销费用，尽管可以诱使零售商将促销投入提升到集中化决策时的最优水平，但是零售商的订货数量可能会过少或者过多。当然，尽管在特定条件（$w_2=\tilde{w}$）下零售商可将订货数量也调整到集中决策时的最优值，但由于 w_2 的值一旦被确定，制造商和零售商就无法对供应链系统的最优期望利润进行任意的分配，从而不能保证双方均能获得比分散化决策情形更多的期望利润，进而难以实现分散式决策供应链的完全协调。

为了实现对分散决策供应链中零售商订货行为与促销策略的协作管理，制造商与零售商共同协商制定由交易信用（包括提前付款或延期付款）与二次订货策略构成的一种新的组合激励机制。其中，当信用期 $t>0$ 时，该组合激励机制意味着制造商向零售商提供了延期付款。那么，零售商能够获得一笔额外的机会收益为 w_1Qit（i 是资金的年机会投资收益率），制造商则蒙受了相应的机会损失；反之，当信用期 $t<0$ 时，该组合激励机制则表示制造商

要求零售商提前支付货款，那么制造商可以获得一笔额外的机会收益 w_1Qit，而零售商相应地承担了资金的机会成本。并且，对于零售商的第二次紧急订货，制造商由于需要付出更多的生产成本而要求零售商货到即付。

那么，在采用上述的供应链组合激励机制后，制造商和零售商的期望利润函数分别转换为下面的表达式：

$$E(\prod_m^t) = (w_2 - c_2)\int_{Q-D(a)}^{B} (D(a) + x - Q)f(x)\,\mathrm{d}x$$
$$+ (w_1 - c_1)Q - \tau \times ea - w_1Qit \qquad (6-24)$$

$$E(\prod_r^t) = (p - w_2 - c_b)D(a) + (w_2 + c_b - w_1)Q$$
$$- (w_2 + c_b - r)\int_{A}^{Q-D(a)} (Q - D(a) - x)f(x)\,\mathrm{d}x$$
$$- (1 - \tau) \times ea + w_1Qit \qquad (6-25)$$

命题 6-9 在由交易信用和二次订货策略构成的组合激励机制中，零售商的最优促销投入为 $a^t = D'^{-1}\left(\dfrac{(1-\tau)e}{p - (1-it)w_1}\right)$，最优订货数量为 $Q^t = D(a^t) + F^{-1}\left(\dfrac{w_2 + c_b - (1-it)w_1}{w_2 + c_b - r}\right)$。

证明：为了使零售商的期望利润函数 $E(\prod_r^t)$ 取得最大值，令 $E(\prod_r^t)$ 关于 Q 和 a 的一阶偏导数分别等于零，有：

$$\begin{cases} \dfrac{\partial E[\prod_r^t(Q, a)]}{\partial Q} = (w_2 + c_b - w_1 + w_1it) - (w_2 + c_b - r) \\ \qquad\qquad \int_{A}^{Q-D(a)} f(x)\,\mathrm{d}x = 0 \\ \\ \dfrac{\partial E[\prod_r^t(Q, a)]}{\partial a} = (p - w_2 - c_b)D'(a) + (w_2 + c_b - r)D'(a) \\ \qquad\qquad \int_{A}^{Q-D(a)} f(x)\,\mathrm{d}x - (1 - \tau) \times e = 0 \end{cases}$$

$$(6-26)$$

联立解之，即得到唯一的极大值点 (Q^t, a^t)。证毕。

由命题 6 – 9，不难得到下面的推论 6 – 5。

推论 6 – 5 给定其他参数的值不变：（1）如果制造商允许零售商延期支付的信用期长度增加，那么零售商的最优订货数量与最优促销投入分别也会随之增加；（2）而如果制造商要求零售商提前支付的信用期长度增加，那么零售商的最优订货数量与最优促销投入则会分别减少。

证明： 已知 $D'^{-1}(\cdot)$ 是一个严格递减的函数，以及 $F^{-1}(\cdot)$ 是一个严格递增的函数。于是，由命题 6 – 12 知，$\partial a^t / \partial t > 0$ 和 $\partial Q^t / \partial t > 0$。也就是说，零售商的最优促销投入 a^t 和最优订货量 Q^t 都是关于信用期 t 单调递增的。因此，当 $t > 0$ 时，$|t|$ 值越大，a^t 和 Q^t 也越大；而当 $t < 0$ 时，$|t|$ 值越大，a^t 和 Q^t 则越小。证毕。

推论 6 – 5 表明制造商如果希望零售商增加订货数量，那么可以选择向零售商提供较长的信用期；制造商若希望零售商减少订货数量，则可以要求零售商提前较长时间支付货款。因此，通过设计带有二次订货机会的供应链交易信用激励机制，显然可以避免纯粹采用二次订货策略时所出现的零售商订货不足或订货过量的问题。命题 6 – 10 对能够使供应链达到完全协调的交易信用激励机制的相关参数进行了设置。

命题 6 – 10 在由交易信用和二次订货策略构成的组合激励机制中，如果制造商向零售商提供（要求）的延期支付（提前支付）信用期 $t = \dfrac{(w_1 - c_1)(c_b - r) + (w_1 - r)c_2 - (c_1 - r)w_2}{(c_2 + c_b - r)w_1 i}$，并且制造商愿意给予零售商的促销费用补贴率 $\tau = \dfrac{(1 - it)w_1 - c_1}{p - c_1}$，那么该分散化决策供应链系统能够实现完全协调的目标。并且，（1）当 $c_2 \leqslant w_2 < \tilde{w}$ 时，信用期 $t > 0$；（2）当 $w_2 = \tilde{w}$ 时，信用期 $t = 0$；（3）当 $\tilde{w} < w_2 \leqslant p - c_b$ 时，信用期 $t < 0$。

证明： 为了使分散式供应链系统可以实现协调的目标，须令 $a^t =$

a^* 和 $Q^t = Q^*$。那么由命题 6-6 和命题 6-9，可知 $\dfrac{(1-\tau)e}{p-(1-it)w_1} =$

$\dfrac{e}{p-c_1}$，以及 $\dfrac{w_2+c_b-(1-it)w_1}{w_2+c_b-r} = \dfrac{c_2+c_b-c_1}{c_2+c_b-r}$。分别求解之，得到组合激励机制相关参数的最优组合；然后，将命题 6-8 中的 $\tilde{w}$ 代入信用期 t 的表达式，进而可以得到在 w_2 不同取值范围内相应的 t 值大小。证毕。

命题 6-10 表明，当第二次订货的成本足够低时，零售商为了规避库存积压风险倾向于减少初次订货的数量，故制造商需要给予零售商延期付款以激励其积极订货；而在第二次紧急订货的成本过高时，零售商则会在初次订货时选择大量购买以尽可能减少昂贵的紧急采购需要，故制造商要求零售商提前支付以抑制其过量订货。

当然，为了使得理性的制造商与零售商能自觉履行上述供应链组合激励机制，还需要保证供应链中的各方成员都能够获得比分散化决策情形更多的期望利润。因此，如果通过适当调整组合激励机制的相关参数，可以在供应链成员之间对系统最优期望利润进行任意的分配，那么至少存在某一种参数组合能够同时满足制造商和零售商的参与约束，即
$$\begin{cases} E[\prod_m^t(w_2^*,t^*,\tau^*)] \geq E[\prod_m(w_2,0,0)] \\ E[\prod_r^t(w_2^*,t^*,\tau^*)] \geq E[\prod_r(w_2,0,0)] \end{cases}。$$
只有这样，命题 6-10 中的供应链组合激励机制才是帕累托有效且可行的。

下面的推论 6-6 通过讨论组合激励机制的相关参数 w_2 的变化，对供应链系统的最优期望利润在制造商与零售商之间的分配情况进一步加以了论述：

推论 6-6 （1）当 $w_2 = c_2$ 时，信用期 $t=(w_1-c_1)/w_1i$，补贴率 $\tau=0$。此时，制造商的最优期望利润为零，而零售商独享整个供应链的全部期望利润；（2）在其他参数不变的条件下，随着第二次订货批发价 w_2 的增加，制造商的最优期望利润将会增大，零售商

的最优期望利润将会相应地减少。

证明：（1）先将 $w_2 = c_2$ 代入命题 $6-10$，得到最优信用期 t 和最优补贴率 τ，再将参数 $w_2 = c_2$、t，以及 τ 一并代入式（$6-24$）或者式（$6-25$），不难发现，制造商的最优期望利润为零，供应链系统的最优期望利润全部归零售商一方所有。

（2）将 $a = a^*$ 和 $Q = Q^*$ 代入式（$6-24$）和式（$6-25$）后，可以得到供应链组合激励机制作用下，制造商与零售商的最优期望利润分别为 $E[\prod_{m}^{t}(Q^*, a^*)]$ 和 $E[\prod_{r}^{t}(Q^*, a^*)]$。然后，分别求它们对组合激励机制的相关参数 w_2 的一阶偏导数，可知 $\partial E[\prod_{m}^{t}(Q^*, a^*)]/\partial w_2 > 0$，以及 $\partial E[\prod_{r}^{t}(Q^*, a^*)]/\partial w_2 < 0$。证毕。

6.3

未知需求分布下的供应链组合激励机制

在前一节研究的基础上，为了使本章的模型更加贴近关于需求分布的信息往往是有限的现实背景，我们放宽了需求分布形式已知的假设，运用不确定型决策理论中的极大化极小化（maximin）方法。首先给出了需求最坏可能分布下集中式供应链的鲁棒运作策略；接着考察了分散化决策情形中零售商的利己化行为将导致整条供应链的运作效率低下，进一步论证了由交易信用（即延期付款）和收益共享构成的组合激励机制对于未知需求分布环境下供应链协作管理的有效性。

企业在日常生产经营活动中，由于能够获取的关于市场需求的信息往往是有限的，因而难以确切地知晓随机变量 ε 的分布函数的具体形式。所以，我们假设该随机变量的分布 $F(\cdot)$ 属于均值为零，方差为 σ^2 的某一类分布 Ω。此外，模型的其他假设及符号定义与上一节完全相同。

那么，可以得到零售商的期望利润函数为：

$$E(\prod_r) = pE\min\{RD(a, \varepsilon), Q\} + rE[Q - RD(a, \varepsilon)]^+$$
$$- wQ - ea \tag{6-27}$$

由于 $\min\{RD(a, \varepsilon), Q\} = RD(a, \varepsilon) - [RD(a, \varepsilon) - Q]^+$，并且运用下面的等式关系，$[Q - RD(a, \varepsilon)]^+ = [Q - RD(a, \varepsilon)] + [RD(a, \varepsilon) - Q]^+$。经过变换与整理后，能够将式（6-27）中零售商的目标函数重写为：

$$E(\prod_r) = (p - r)D(a) - (w - r)Q$$
$$- (p - r)E[RD(a, \varepsilon) - Q]^+ - ea \tag{6-28}$$

同样地，制造商的期望利润函数 $E(\prod_m) = (w - c)Q$。

6.3.1　集中决策与分散决策的比较分析

在集中化决策供应链中，制造商与零售商共同构成一个决策主体，将供应链系统的期望利润最大化作为一致的行动目标，同时选择最优的订货数量与最优的促销投入水平。那么，根据不确定型决策理论中的极大极小准则，整个供应链系统的最优化决策问题可以被描述为：

$$\max_{Q,a} \min_{F \in \Omega} E(\prod_s) = E(\prod_m) + E(\prod_r)$$
$$= (p - r)D(a) - (p - r)E[RD(a, \varepsilon) - Q]^+$$
$$- (c - r)Q - ea \tag{6-29}$$

对于式（6-29）中的 $E[RD(a, \varepsilon) - Q]^+$，有：

$$E[RD(a, \varepsilon) - Q]^+ \leqslant \frac{\sqrt{\sigma^2 + [Q - D(a)]^2} - [Q - D(a)]}{2}$$

$$\tag{6-30}$$

并且总是可以找到某一个分布，使得等号成立。

注意：上述不等式的详细推导及证明过程与加列戈和穆恩（1993）中的引理1和引理2类似，故省略。

将式（6－30）代入式（6－29），从而知道在需求最坏可能分布下的供应链期望利润为：

$$\max_{Q,a} E(\hat{\prod}_s) = \frac{1}{2}\big[(p-r)D(a) + (p-2c+r)Q$$

$$- (p-r)\sqrt{\sigma^2 + [Q-D(a)]^2}\big] - ea \qquad (6-31)$$

根据式（6－31），且已知 $D'(a) > 0$，以及 $-D''(a) > 0$，不难得到下面的二阶偏导数，以及二阶交叉偏导数：

$$\frac{\partial^2 E(\hat{\prod}_s)}{\partial Q^2} = \frac{-(p-r)\sigma^2}{2\{\sigma^2 + [Q-D(a)]^2\}^{3/2}} < 0 \qquad (6-32)$$

$$\frac{\partial^2 E(\hat{\prod}_s)}{\partial Q \partial a} = \frac{\partial^2 E(\hat{\prod}_s)}{\partial a \partial Q} = \frac{(p-r)D'(a)\sigma^2}{2\{\sigma^2 + [Q-D(a)]^2\}^{3/2}} > 0$$

$$(6-33)$$

$$\frac{\partial^2 E(\hat{\prod}_s)}{\partial a^2} = \frac{-\big[[\sigma D'(a)]^2 - D''(a)\{\sigma^2 + [Q-D(a)]^2\}}{2\{\sigma^2 + [Q-D(a)]^2\}^{3/2}}$$
$$\frac{(Q-D(a) + \sqrt{\sigma^2 + [Q-D(a)]^2})\big](p-r)}{}$$

$$< 0 \qquad (6-34)$$

那么，可知系统期望利润函数的黑森矩阵的行列式值为：

$$|H| = \frac{\partial^2 E(\hat{\prod}_s)}{\partial Q^2} \times \frac{\partial^2 E(\hat{\prod}_s)}{\partial a^2} - \frac{\partial^2 E(\hat{\prod}_s)}{\partial Q \partial a} \times \frac{\partial^2 E(\hat{\prod}_s)}{\partial a \partial Q}$$

$$= \frac{-D''(a)(p-r)^2\sigma^2}{4\{\sigma^2 + [Q-D(a)]^2\}^2}\big[Q-D(a) + \sqrt{\sigma^2 + [Q-D(a)]^2}\big]$$

$$> 0 \qquad (6-35)$$

也就是说，式（6－31）中系统期望利润函数 $E(\hat{\prod}_s)$ 的黑森矩阵是负定的。因此，供应链系统的期望利润 $E(\hat{\prod}_s)$ 是一个关于 Q 和 a 的联合凹函数。

于是，分别求 $E(\hat{\prod}_s)$ 对于 Q 和 a 的一阶偏导数，并令其等于零，有：

$$
\begin{cases}
\dfrac{\partial E(\hat{\prod}_s)}{\partial Q} = -c + r + \dfrac{1}{2}(p-r)\left[1 - \dfrac{Q - D(a)}{\sqrt{\sigma^2 + [Q - D(a)]^2}}\right] = 0 \\[4mm]
\dfrac{\partial E(\hat{\prod}_s)}{\partial a} = -e + \dfrac{1}{2}(p-r)D'(a) + \dfrac{1}{2}(p-r)D'(a) \\[4mm]
\qquad\left[\dfrac{Q - D(a)}{\sqrt{\sigma^2 + [Q - D(a)]^2}}\right] = 0
\end{cases}
$$

$$(6-36)$$

联立求解上述方程组，有

$$
Q^* = D(a^*) + \frac{\sigma}{2}\left[\left(\frac{p-c}{c-r}\right)^{\frac{1}{2}} - \left(\frac{c-r}{p-c}\right)^{\frac{1}{2}}\right] \qquad (6-37)
$$

$$
a^* = D'^{-1}\left(\frac{e}{p-c}\right) \qquad (6-38)
$$

进一步地，由式（6-37）和式（6-38），可以得到命题 6-11。

命题 6-11　（1）当 $p-c > c-r$ 时，供应链系统的最优订货数量与需求的标准差正相关；（2）当 $p-c < c-r$ 时，供应链系统的最优订货数量与需求的标准差负相关；（3）供应链系统的最优促销投入与单位促销成本和生产成本负相关，而与零售价格正相关。

显然，当 $p-c > c-r$ 时，这意味着多生产（或采购）一额外单位产品所获得的利润比可能滞销带来的损失要高。因此，随着需求波动程度的上升，增加订货量可能实现更多的期望利润；反之，则应该减少订货数量。由 $D''(\cdot) < 0$，知 $D'(\cdot)$ 的逆 $D'^{-1}(\cdot)$ 是一个减函数，故命题 6-11 中的结论（3）也是成立的。

将 q^* 和 a^* 一起代入式（6-31），经化简后，有

$$
E(\hat{\prod}_s^*) = (p-c)D(a^*) - ea^* - \sigma\sqrt{(p-c)(c-r)}
$$

$$(6-39)$$

由式（6-39）知，只有当需求的标准差 $\sigma < [(p-c)D(a^*) - ea^*] / \sqrt{(p-c)(c-r)}$ 时，整个供应链才能够获得一个正的期望利润。特别地，在 $\sigma = 0$ 时，该供应链系统获取的刚好是确定性需求环境下的最优利润。需要指出的是，随着需求波动程度的增加，供应链的最优期望利润将会减少。当市场需求变异的风险太大时，供应链的最优期望利润可能会出现负值。此时，企业管理者应该谨慎地投入资金从事采购（或生产）和促销活动，尽可能地避免在市场前景不明朗的形势下盲目投资而导致无谓的经营亏损。

接下来，我们将以集中化决策系统为基准，比较分析分散化决策系统中零售商相应的最优组合策略选择，进而引入由交易信用和收益共享构成的组合激励机制以实现分散式供应链的协作管理与优化的目标。在实践中，零售商作为独立的经济利益实体，有着自己的利益诉求，往往从自身的目标利益最大化出发去采取相应的行动，从而可能会偏离供应链系统最佳的策略选择。这就会产生所谓的"双重边际化"效应，进而导致整条供应链的运营效率在很大程度上遭受损害。

由式（6-38），采用极大化极小化决策准则，可以得到最不利情况下零售商的期望利润函数为：

$$\max_{Q,a} E(\hat{\prod}_r) = \frac{1}{2}[(p-r)D(a) + (p+r-2w)Q$$
$$- (p-r)\sqrt{\sigma^2 + [Q-D(a)]^2}] - ea$$

$$(6-40)$$

同理可证，零售商期望利润函数 $E(\hat{\prod}_r)$ 关于 Q 和 a 是联合凹的。对式（6-40）进行最优化处理，得到

$$Q^r = D(a^r) + \frac{\sigma}{2}\left[\left(\frac{p-w}{w-r}\right)^{\frac{1}{2}} - \left(\frac{w-r}{p-w}\right)^{\frac{1}{2}}\right] \qquad (6-41)$$

$$a^r = D'^{-1}\left(\frac{e}{p-w}\right) \qquad (6-42)$$

将式（6 – 41）与式（6 – 37），式（6 – 42）与式（6 – 38）进行比较，由于 $w > c$，故有 $\dfrac{p - w}{w - r} < \dfrac{p - c}{c - r}$，且知逆函数 $D'^{-1}(\cdot)$ 是严格递减的，不难得知下面的命题 6 – 12 成立。

命题 6 – 12　（1）$a^r < a^*$；（2）$Q^r < Q^*$；（3）根据结论（1）和（2），有 $E[\hat{\prod}_m(Q^r, a^r)] + E[\hat{\prod}_r(Q^r, a^r)] < E[\hat{\prod}_s^*(Q^*, a^*)]$。

上述结论（3）之所以成立，是因为零售商从个体利益最大化角度选择的最优策略组合 (Q^r, a^r) 并不是供应链系统的期望利润函数的极大值点，那么该点所对应的系统期望利润 $E(\hat{\prod}_m) + E(\hat{\prod}_r)$ 必然小于唯一的极大值点 (Q^*, a^*) 所决定的系统最优期望利润 $E(\hat{\prod}_s^*)$。

因此，从命题 6 – 12 可以发现，在分散化决策供应链中，只考虑自身利益的零售商在订货数量和促销投入方面的积极性是明显不足的。那么，为了激励零售商将订货数量和促销水平提高至供应链系统的最优水平，制造商可以承诺给予零售商延期支付和促销费用资助等优惠条款，从而实现分散决策供应链运作效率的提升。

6.3.2　考虑收益共享的供应链组合激励机制

这里，我们考虑制造商继续引入上一节中由交易信用和收益共享构成的供应链组合激励机制，旨在对未知需求分布环境下分散化决策供应链中，零售商的订货行为与促销投入进行联合协作与优化控制。因此，在上述供应链组合激励机制的作用下，制造商和零售商的期望利润函数分别为：

$$E(\prod_m^t) = (w - c)Q + \phi p E\min\{RD(a, \varepsilon), Q\} - wQit - \tau \times ea$$

$$(6 - 43)$$

$$E(\prod_r^t) = (1-\phi)pE\min\{RD(a,\varepsilon),Q\} + rE[Q-RD(a,\varepsilon)]^+$$
$$-wQ + wQit - (1-\tau)\times ea \qquad (6-44)$$

基于相同的处理方法，在需求最坏可能分布情况下，式（6-43）和式（6-44）分别转换为：

$$E(\hat{\prod}_m^t) = \frac{1}{2}\{\phi pD(a) + [\phi p + 2(1-it)w - 2c]Q$$
$$-\phi p\sqrt{\sigma^2 + [Q-D(a)]^2}\} - \tau\times ea \qquad (6-45)$$

$$E(\hat{\prod}_r^t) = \frac{1}{2}\{[(1-\phi)p - r]D(a) + [(1-\phi)p + r - 2(1-it)w]Q$$
$$-[(1-\phi)p - r]\sqrt{\sigma^2 + [Q-D(a)]^2}\} - (1-\tau)\times ea$$
$$(6-46)$$

同理，可以证明 $E(\hat{\prod}_r^t)$ 也是关于 Q 和 a 的联合凹函数。那么，分别求 $E(\hat{\prod}_r^t)$ 关于 Q 和 a 的一阶偏导数并令其等于零，联立解之，得到

$$Q^t = D(a^t) + \frac{\sigma}{2}\Big[\Big(\frac{(1-\phi)p - (1-it)w}{(1-it)w - r}\Big)^{\frac{1}{2}} - \Big(\frac{(1-it)w - r}{(1-\phi)p - (1-it)w}\Big)^{\frac{1}{2}}\Big]$$
$$(6-47)$$

$$a^t = D'^{-1}\Big[\frac{(1-\tau)e}{(1-\phi)p - (1-it)w}\Big] \qquad (6-48)$$

根据式（6-47）和式（6-48），容易推导出以下一些关系式：$\partial Q^t/\partial t > 0$，$\partial a^t/\partial t > 0$，以及 $\partial a^t/\partial \tau > 0$。这意味着给定其他条件不变，随着制造商所提供的延期支付信用期长度的增加或者促销成本补贴率的上升，零售商的最优订货数量和最优促销投入也将会同时增加。因而，对于需求分布未知的情形，我们将通过合理设置供应链交易信用激励机制，以妥善解决独立决策零售商的订货数量和促销投入均不足的问题。

将式（6-47）和式（6-48）一起代入式（6-45）和式（6-46），得知制造商与零售商的最优期望利润分别为：

$$E(\hat{\prod}_m^t) = [\phi p + (1-it)w - c]D(a^t) - \tau e a^t - \sigma\{\sqrt{(p-c)(c-r)}$$
$$- \sqrt{[(1-\phi)p - (1-it)w][(1-it)w-r]}\} \quad (6-49)$$

$$E(\hat{\prod}_r^t) = [(1-\phi)p - (1-it)w]D(a^t) - (1-\tau)e a^t$$
$$- \sigma\sqrt{[(1-\phi)p - (1-it)w][(1-it)w-r]}$$
$$(6-50)$$

接下来，为了使该分散式供应链达到协调的目标，只需令 $Q^t = Q^*$ 和 $a^t = a^*$。根据式（6-37）和式（6-47），以及式（6-38）

和式（6-48），能够得到方程组 $\begin{cases} \dfrac{(1-\phi)p - (1-it)w}{(1-it)w - r} = \dfrac{p-c}{c-r} \\ \dfrac{(1-\tau)e}{(1-\phi)p - (1-it)w} = \dfrac{e}{p-c} \end{cases}$，联

立求解 t 和 τ，则有下面的命题 6-13。

命题 6-13　在市场需求分布未知的情形下，如果制造商允许

零售商延期付款的信用期长度 $t = \dfrac{(p-r)(w-c) + (c-r)\phi p}{(p-r)wi}$，以及

承诺补贴零售商促销费用的比例 $\tau = \dfrac{\phi p}{p-r}$，那么该供应链组合激励

机制仍然可以实现分散式供应链完全协调的目标。

显然，从上述的命题 6-13 可以获知，当零售商将更多的销售收入分享给上游的制造商时，制造商自然愿意给予零售商更长的延期支付信用期和更高的促销费用补贴率。同时，命题 6-13 还充分地表明，无论市场需求分布未知还是具体的需求分布形式已知，由交易信用和收益共享构成的组合激励机制都可以实现分散式供应链的完全协调。

将命题 6-13 中的相关参数 t 和 τ 代入式（6-39）和式（6-40），进而得到制造商与零售商的期望利润分别为 $E(\hat{\prod}_m^t) = \dfrac{\phi p}{p-r}E(\hat{\prod}_s^*)$ 和 $E(\hat{\prod}_r^t) = \dfrac{(1-\phi)p - r}{p-r}E(\hat{\prod}_s^*)$。由此可知，

当 $\phi = 0$ 时，制造商获得的期望利润为零；而当 $\phi = 1 - r/p$ 时，制造商独占了整个供应链系统的期望利润。因此，制造商与零售商通过调整收益共享系数，可以对协调后的供应链最优期望利润进行任意的分配，最终都实现了未知需求分布下各自期望利润的改善。

6.4

数值分析

[算例一] 设某易逝品类型产品的市场期望需求函数形式为 $D(a) = \alpha + \beta a^{\gamma}$。其中，市场基础规模 $\alpha = 3000/$件，促销影响系数 $\beta = 20$，弹性参数 $\gamma = 1/2$；零售价格 $p = 25$ 元/件，批发价格 $w = 18$ 元/件，生产成本 $c = 16$ 元/件，期末剩余产品的残值 $r = 15$ 元/件，零售商促销投入成本 $e = 5$ 元/单位，资金的机会投资收益率 $i = 0.30/$年，收益共享系数 $\phi = 0.15$；并且假设随机变量 ε 服从区间 $[-3000, 3000]$ 上的均匀分布。

基于本章理论模型与上述给定数据，计算得到表 6-1 中的数值结果。

表 6-1 不同决策情形下供应链最优策略及期望利润的比较

项目	零售商			制造商			供应链
	订货数量（件）	促销投入（元）	期望利润（元）	信用期（年）	补贴率（倍）	期望利润（元）	期望利润（元）
一体化决策	5760	324	—	—	—	—	25920
合作促销方案	4560	324	15960	0.00	0.22	8760	24720
组合激励机制	5760	324	16200	0.44	0.38	9720	25920

从表 6-1 可以看出，在单一的合作促销方案中，明显还存在

零售商订货数量不足的问题。而通过引入由交易信用（延期付款）和收益共享构成的供应链组合激励机制，制造商可以诱使零售商将订货数量由原来的4560件增加至5760件，从而在保证零售商的期望利润不减少甚至略微增加的前提下，制造商自身的期望利润显著地提高了大约11%，并且协调后的供应链系统的总体期望利润也达到了一体化决策时的最优水平，因此实现了分散式供应链的完全协调。

图6-1显示了在选取的平面定义区域 $\{(Q, a) \mid Q \in [0, 10000]$，$a \in [0, 600]\}$ 上，供应链的期望利润与零售商的期望利润函数都是凹状曲面，构成了一个叠加的三维图形。其中，位置处于下方（上方）的曲面代表零售商（供应链）的期望利润，两张曲面顶点之间的垂直距离（=9720）刚好是制造商的最优期望利润。

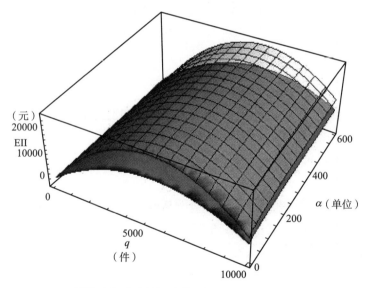

图6-1 零售商与供应链系统的期望利润的三维立体叠加图形

图6-2显示了在收益共享系数的取值区间 $\phi \in [0, 0.4]$ 上，

协调后供应链系统的最优期望利润在制造商与零售商之间的任意分配情况。其中，当 $\phi=0$ 时，零售商将供应链系统所有的期望利润据为己有；当 $\phi=0.4$ 时，制造商独享了供应链系统的全部期望利润；而当 $\phi=0.2$ 时，制造商与零售商正好平分了供应链系统的最优期望利润。

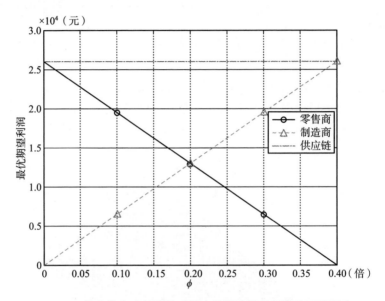

图 6−2　收益共享系数变化对供应链最优期望利润分配的影响

[算例二] 设某易逝品类型产品的市场期望需求函数形式为 $D(a)=\alpha+\beta a^{\gamma}$。其中，市场基础规模 $\alpha=500/$件，促销影响系数 $\beta=25$，弹性参数 $\gamma=0.5$。并且，零售价格 $p=20$ 元/件，第一阶段的批发价格 $w_1=9$ 元/件，第一阶段的生产成本 $c_1=6$ 元/件，第二阶段的批发价格 $w_2=12$ 元/件，第二阶段的生产成本 $c_2=10$ 元/件，延迟交货的成本 $c_b=0$ 元/件，剩余产品的残值 $r=2$ 元/件，促销成本 $e=10$ 元/单位，资金的机会投资收益率 $i=0.30/$年，随机变量 ε

服从区间 $[-500，500]$ 上的均匀分布。

基于本章理论模型与上述给定数据，计算得到表6－2中的数值结果。

表6－2显示，通过纯粹的合作促销方案，制造商尽管可以诱使零售商将促销投入水平从原来的189单位增加至供应链系统最优的306单位，但是零售商一方仍然存在订货数量不足的问题。因此，单一的合作促销方案无法实现分散化决策供应链的完全协调。那么，在采用由交易信用（即提前付款或延期付款）和二次订货策略构成的供应链组合激励机制之后，制造商在继续引导零售商提高促销投入努力程度的同时，可以有效地激励零售商将订货数量从738件进一步增加至供应链系统最优的938件，从而使得整个供应链系统的期望利润达到了集中化决策时的最优水平。

表6－2　　　不同决策情形下供应链最优策略及期望利润的比较

项目	零售商			制造商			供应链
	订货数量 （件）	促销投入 （元）	期望利润 （元）	信用期 （年）	补贴率 （倍）	期望利润 （元）	期望利润 （元）
集中化决策	938	306	—	—	—	—	9062.50
分散化决策	644	189	6340.62	0.00	0.00	2421.25	8761.87
合作促销方案	738	306	6856.25	0.00	0.21	2046.25	8902.50
组合激励机制	938	306	8093.75	0.74	0.07	968.75	9062.50

需要指出的是，在给定参数 $w_2 = 12$ 时，在由交易信用和二次订货策略构成的组合激励机制的作用下，零售商的期望利润虽然得到了显著地提升，但是制造商的期望利润却较分散化决策情形而言大幅度地下降了。因此，正如推论6－6所述，还需要对相关参数 w_2 加以调整进而合理地分配整个供应链系统的最优期望利润。

下面的表6－3给出了第二次订货的批发价格调整对供应链成

员的最优策略及期望利润的影响。不难发现，在区间 $14 < w_2 < 16$ 内至少可以找到某一个值，使得制造商与零售商各自的期望利润共同实现不同程度地增加。于是，通过调整第二次订货的批发价 w_2，容易获知当 $(w_2^*, t^*, \tau^*) = (15, 0.19, 0.18)$ 时，与分散化决策情形相比，该供应链组合激励机制在保证制造商的期望利润不减少的前提下，使得零售商的期望利润境况得到了较大幅度地改善，如表 6 – 3 中的阴影部分所示。

表 6 – 3　　　　二次订货批发价调整对最优策略及期望利润的影响

w_2	合作促销方案（部分协调）				组合激励机制（完全协调）			
	订货量（件）	零售商利润（元）	制造商利润（元）	总利润（元）	信用期	补贴率	零售商利润（元）	制造商利润（元）
10	563	7468.75	1031.25	8500.00	1.11	0.00	9062.50	0.00
12	738	6856.25	2046.25	8902.50	0.74	0.07	8093.75	968.75
14	854	6447.92	2586.81	9034.73	0.37	0.14	7125.00	1937.50
15	899	6290.87	2765.72	9056.59	0.19	0.18	6640.62	2421.88
16	938	6156.25	2906.25	9062.50	0.00	0.21	6156.25	2906.25
18	1000	5937.50	3109.38	9046.88	– 0.37	0.29	5187.50	3875.00
20	1049	5767.36	3245.76	9013.12	– 0.74	0.36	4218.75	4843.75

必须说明的是，当 $w_2 = \tilde{w} = 16$ 时，信用期 $t = 0$。这就意味着，仅仅通过二次订货策略和合作促销方案，制造商虽然可以激励零售商将订货数量与促销投入同时增加至系统的最优水平，可是一旦给定第二次订货的批发价格，零售商所获得的期望利润相对分散化决策情形来说反而减少了，故无法满足零售商的个体理性约束。因此，在灵活选择二次订货策略的基础上，由交易信用（即提前付款或延期付款）和二次订货策略构成的组合激励机制可以实现分散化决策供应链的完全协调。

[算例三] 设某易逝品类型产品的市场期望需求函数形式为
$D(a) = \alpha + \beta a^{\gamma}$。其中，市场基础规模 $\alpha = 3000/$件，促销影响系数
$\beta = 20$，弹性参数 $\gamma = 0.5$。并且，零售价格 $p = 22$ 元/件，批发价格
$w = 15$ 元/件，生产成本 $c = 12$ 元/件，剩余产品的残值 $r = 10$ 元/
件，促销费用 $e = 10$ 元/单位，需求的标准差 $\sigma = 1000/$件，资金的
机会投资收益率 $i = 0.35/$年，收益共享系数 $\phi = 0.225$。

　　基于本章理论模型与上述给定数据，计算得到表 6 – 4 中的数
值结果。

　　从表 6 – 4 可以看出，零售商在分散化决策供应链中，由于单
独面对市场需求波动的风险，无论是决定采购数量还是选择促销投
入，都要分别低于集中化决策系统相应的最优值。那么，制造商通
过引入由交易信用和收益共享构成的组合激励机制，可以促使零售
商扩大采购规模和提高促销投入，进而在保证零售商期望利润不减
少甚至略有增加的前提下，最终使得自身的期望利润较大幅度地上
升了 10.23%，且协调后的供应链系统的期望利润也达到了集中化
决策时的水平。因此，上述供应链组合激励机制实现了分散化决策
供应链的完全协调。

表 6 – 4　　　　　　不同决策情形下供应链最优策略及期望利润的比较

项目	零售商			制造商			供应链
	订货数量（件）	促销投入（单位）	期望利润（元）	信用期（年）	补贴率（倍）	期望利润（元）	期望利润（元）
集中化决策	4094	100	—	—	—	—	26527.90
分散化决策	3309	49	15573.92	0.00	0.00	9927.09	25501.01
组合激励机制	4094	100	15585.20	0.73	0.41	10942.70	26527.90

　　接下来，在需求分布具体形式未知的情形下，分析市场需求波
动对协调前后供应链中制造商与零售商的生产运作绩效的影响，以

及供应链组合激励机制对于分散式供应链的协作控制效果。表6-5分别显示了在分散决策系统和组合激励机制中，制造商与零售商的最优期望利润是如何随着需求的标准差变化而变化的。

表6-5　　　需求标准差变化对供应链成员最优期望利润的影响

需求标准差	分散决策系统		组合激励机制						
	零售商期望利润（元）	制造商期望利润（元）	共享系数（倍）	信用期（年）	补贴率（倍）	零售商期望利润（元）	制造商期望利润（元）	利润增幅（%）	供应链期望利润（元）
500	18531.96	9673.55	0.194	0.707	0.356	18533.60	10230.30	+5.76	28763.90
600	17940.35	9724.26	0.199	0.710	0.365	17985.80	10330.90	+6.24	28316.70
700	17348.74	9774.96	0.205	0.715	0.376	17395.20	10474.30	+7.15	27869.50
800	16757.14	9825.67	0.212	0.719	0.388	16764.20	10658.10	+8.47	27422.30
900	16165.53	9876.38	0.218	0.723	0.399	16194.10	10781.00	+9.16	26975.10
1000	15573.92	9927.09	0.225	0.728	0.413	15585.20	10942.70	+10.23	26527.90

表6-5清楚地说明了需求的标准差变化对供应链成员的最优策略选择和期望利润的影响。一方面，当需求的标准差逐渐变大时，分散式供应链系统中零售商的期望利润将会减少，而制造商的期望利润将会增加。究其原因，是由于零售商单独地承担了需求波动风险所引致的利润损失，那么在额外销售一单位产品获得的利润大于滞销造成的损失的情况下，零售商愿意增加订货数量从而使制造商获得了更多的确定性收入。

另一方面，在由交易信用和收益共享构成的供应链组合激励机制中，当需求波动的程度增加时，制造商将会向零售商提供更长的延期支付信用期和更高的促销费用补贴率，同时要求零售商分享更大比例的销售收入，以共同承担终端市场需求波动的风险，进而在维持零售商期望利润不减少的前提条件下，使得自身的期望利润境况获得了更大幅度的改善。这意味着，如果市场需求的不确定性程度越大，那么由交易信用和收益共享构成的组合激励机制，越能有效地发挥对分散化决策供应链的协调作用，从而更好地提升整个供应链系统的协作管理绩效。

6.5

本章小结

本章在假设随机需求依赖于零售商的促销活动，并且期望需求函数为一般形式的基础上，研究了两级分散式供应链中零售商订货策略与促销行为的协作管理问题。先后在随机扰动因素服从任一分布类型和需求分布具体形式未知的情形下，分析了由交易信用（即延期付款）和收益共享构成的组合激励机制对供应链成员利益的协调与补偿作用。而且，考虑到零售商在销售季节末拥有二次订货机会的现实背景，还提出了由交易信用（即提前付款或延期付款）和二次订货策略构成的一种新的组合激励机制，最终实现了分散化决策供应链的完全协调和供应链成员期望利润的帕累托改善。

首先，我们将一体化决策系统作为一个标杆，证明了供应链系统的最优策略组合的存在性与唯一性，比较分析了合作促销方案中零售商相应的最优策略选择。研究发现，单一的合作促销方案尽管可以刺激零售商将促销投入增加至系统的最优水平，但是无法解决零售商订货数量不足的问题；给定其他参数不变，当制造商提供的延期支付信用期或者促销费用补贴率增加时，零售商的最优订货数量和最优促销投入也会随之增加；于是，通过设计由交易信用（即延期付款）和收益共享构成的组合激励机制，可以引导零售商将订货数量和促销投入同时提高至集中化决策时的最优水平，从而改善了非一体化供应链系统的运作绩效。

其次，我们假设零售商在销售季节末可以向制造商进行二次订货以满足愿意等待的顾客的需求，指出二次订货策略与合作促销方案对于分散化决策供应链协调的局限性（即二者的联合虽然可以协调零售商的订货行为和采购策略，但是无法对协调后分散式供应链系统的最优期望利润进行任意的分配）。因此，提出了由交易信用（即提前付款或延期付款）和二次订货策略构成的一种新的供应链组合激励机制，同样地实现了分散化决策供应链的完全协调。

再次，在企业能够获得关于需求分布具体形式的信息往往是有限的情形下，我们继续考察了零售商在需求最坏可能分布下的鲁棒运作策略组合，进一步分析了由交易信用（即延期付款）和收益共享构成的组合激励机制对供应链协作管理绩效的影响。研究结果表明，如果市场需求的波动程度越大，那么该组合激励机制越能有效地在供应链成员之间分散风险，充分地发挥对分散化决策供应链的协调作用。

最后，通过灵活地调整上述供应链组合激励机制的相关参数，制造商与零售商可以对整个供应链系统的最优期望利润进行任意的分配，从而实现了分散式供应链的完全协调和供应链成员期望利润的帕累托改进。

第 7 章

本书结论及研究展望

　　本书以面向供应链协作管理的交易信用激励机制为研究对象，主要将提前付款形式的交易信用作为一个内生激励变量，首先分别在数量折扣给定和提前期压缩成本分担的情形下考察了分散式供应链的优化与协作管理问题，然后设计了一种基于价格补贴的供应链交易信用激励机制，并且提出了由交易信用和收益共享（或二次订货策略）构成的供应链组合激励机制。本书的研究得到了较多有意义的结论，但是也存在着一些不足和值得进一步研究的问题。

7.1

主要结论

　　本书在制造商向零售商提供一定数量折扣的情形下，研究了提前付款形式的交易信用激励机制；在制造商可通过额外投资压缩提前期的情形下，研究了基于压缩成本分担的供应链交易信用激励机制；在制造商直接给予消费者价格补贴的情形下，研究了基于价格补贴的供应链交易信用激励机制；在随机需求依赖零售商促销努力的情形下，研究了由交易信用和收益共享（或二次订货策略）构成的供应链组合激励机制。具体而言，本书的研究结论主要包括：

（1）在制造商向零售商提供一定数量折扣的情形下，通过设计一种要求零售商提前付款的交易信用激励机制，对供应链中零售商的采购策略进行了协作控制，得到了供应链成员的最优订货批量、最优提前支付信用期，以及最优年平均总利润。

本部分研究发现：给定其他参数不变，随着生产速率的提高，或者市场需求的增大，又或零售商订购准备成本的上升，抑或制造商机会投资收益率的下降，零售商的最优订货批量将会增加。而且，交易信用激励机制的设置还需要考虑供应链成员的机会投资收益率的相对大小。一方面，当制造商的机会投资收益率比零售商的更高时，制造商与零售商采用提前付款形式的交易信用，能够实现对分散式供应链的协作管理；另一方面，当零售商的机会投资收益率相对较高时，制造商不需要为了激励零售商增加订货批量而给予零售商数量折扣。此时，制造商可以反过来向零售商提供延期付款形式的交易信用，从而对零售商的订货行为或采购策略继续加以协调与优化控制。

（2）考虑到上游制造商对生产提前期所拥有的控制权或支配能力，将提前期视为制造商的一个决策变量，并且将企业之间经常发生的提前付款形式的交易信用作为一个内生激励变量，通过制定提前期压缩成本分担条件下的交易信用激励机制，研究了分散式供应链的协作管理问题，得到了供应链成员的最优订货批量、最优提前期加速因子，以及最优提前支付信用期等联合协调策略。

本部分研究表明：在其他参数不变的条件下，当提前期加速因子减小时，提前期的时间长度也会相应地缩短，制造商要求零售商的最优订货数量将会随之增加。因此，制造商可以通过控制提前期来引导零售商的订货行为。而且，随着安全库存因子的增加，或者提前期内需求波动的增大，最优提前期加速因子将会显著地下降，也就是说，最优的提前期天数将会减少；而随着机会投资收益率的提高，最优订货批量将会增加，最优提前期将会缩短，最优提前支付信用期将会变长。

本部分研究还表明，当提前期压缩的成本系数足够小时，通过制定提前付款形式的交易信用激励机制，在保证零售商的初始年平均总成本不发生任何增加的前提下，同时使制造商的年平均总成本能够得到较大幅度的节约，甚至比延期付款形式的交易信用激励机制协调下的成本节约额度还要多。然而，对于提前期压缩成本系数较大进而可能导致制造商无利可图时，制造商将会放弃对提前期压缩的额外投资；此时，通过提供延期付款形式的交易信用激励机制就可以协调零售商的策略选择。并且，依赖于各自的相对风险规避态度，制造商和零售商运用纳什讨价还价模型，对供应链系统的最优成本节约额度进行了公平分配，从而实现了双方年平均总成本的帕累托改进。

（3）考察了制造商直接给予消费者价格补贴的商业行为及其对终端顾客需求的刺激作用，继续将提前付款形式的交易信用作为一种激励工具或激励变量，通过设计基于价格补贴的供应链交易信用激励机制。研究了分散化决策供应链中的采购策略优化与协作管理问题，得到了供应链成员的最优订货批量、最优价格补贴率，以及最优提前支付信用期等运营、营销乃至财务管理方面的联合协调策略。

本部分研究表明：在给定其他参数不变的情况下，随着制造商直接给予消费者的价格补贴率的提高，零售商的最优订货批量将会增加。因而，制造商可以通过制定这种价格补贴政策来引导零售商选择相应的订货行为或采购策略。

本部分研究还表明，对于具有不同需求价格弹性的特定市场环境，需要灵活地设置基于价格补贴的供应链交易信用激励机制。首先，在市场需求缺乏价格弹性或者需求弹性比较低的时候，制造商由于无利可图而不愿意向消费者提供任何的价格补贴。此时，制造商与零售商单纯利用交易信用（即允许零售商延期付款）激励机制就可以有效地协调双方的策略选择。其次，如果市场需求比较富有价格弹性，或者当终端顾客对实际零售价格的变化表现出足够敏感的时候，通过制定基于价格补贴的供应链交易信用激励机制，可以在满足零售商个体理性约束（即保证零售商的平均总利润维持在初始最优水平）的前提下，使制造商获取了与初始利润相比更大的年平均总利润，甚至比纯粹交易信用激励机制协调时所得到的利润还要多。并且，取决于各自的相对风险规避态度与议价能力，制造商和零售商运用非对称纳什讨价还价模型，对供应链系统的最优利润增量进行了合理分配，从而使得双方的年平均总利润实现了共同改善的目标。

（4）在市场需求不确定的供应链管理环境下，假设随机需求依赖于零售商的促销努力，分别在随机扰动项服从任一分布类型和需求分布具体形式未知的情形下，考察了由交易信用和收益共享构成的组合激励机制对于供应链的协调作用。而且，对于零售商在销售季节末可能拥有的二次订货机会，还提出了由交易信用和二次订货策略构成的一种新的供应链组合激励机制。

首先，本部分将一体化决策系统作为一个基准，证明了供应链系统的最优策略组合的存在性与唯一性；然后比较分析了合作促销方案中零售商最优的组合策略选择，发现单一的合作促销方案尽管可以激励零售商将促销投入增加至供应链系统的最优水平，但是无法解决零售商订货数量不足的问题。通过设计由交易信用和收益共享构成的组合激励机制，可以引导零售商将订货数量和促销投入同时提高至理想的水平，从而改善了非一体化供应链系统的运营绩效。其次，本部分在需求分布具体形式未知的情形下，进一步考察了零售商在需求最坏可能分布下的鲁棒运作策略组合，分析了由交易信用和收益共享构成的组合激励机制对供应链运作绩效的影响。研究发现，市场需求的波动程度越大，该组合激励机制越能有效地在供应链成员之间分散风险，充分地发挥对分散化决策供应链的协调作用。而且，本部分假定零售商在销售季节末可以向制造商进行二次订货以满足愿意等待顾客的需求，指出二次订货策略和合作促销方案对于供应链协调的局限性，进而提出了由交易信用和二次订货策略构成的一种新的组合激励机制；并且，通过适当地调整上述供应链组合激励机制的相关参数，可以对供应链系统的最优期望利润进行任意的分配，从而实现了分散式供应链的完全协调以及协作管理绩效的提升。

7.2

研究展望

由于能力和时间有限，本书在模型假设、研究方法以及实证检验等诸多方面还存在着一些局限与不足，还有很多的问题值得进一步研究，而这些问题也是作者将来的研究方向，主要包括以下几个方面：

（1）本书在研究面向供应链协作管理的交易信用激励机制时，隐性地假定无论是制造商还是零售商都不存在资金约束的情况，因此，从这个意义上说没有充分考虑交易信用的短期融资功能。在现实中，很多企业都或多或少地面临融资难的问题，尤其是对于中小企业而言。那么，当制造商面临资金约束时，研究提前付款形式交易信用的融资与激励作用，或者当零售商面临资金约束时，研究延期付款形式交易信用的融资与激励作用，甚至在银行等金融机构提供贷款的情形下，进一步研究交易信用在供应链协作管理中的激励作用，这些都是具有较强理论价值与实际意义的课题。

（2）本书在研究提前付款或者延期付款对供应链成员的激励补偿作用时，并没有考虑信用风险对交易信用激励机制设置的影响。信用风险是企业在制定交易信用政策时需要考虑的重要因素之一，企业呆坏账准备金的计提也正好间接地说明了交易信用本身存在一定的信用风险。那么，在研究交易信用激励机制时就有必要引入风险量化模型对信用风险进行刻画和度量，并且提出有效而可行的信用风险规避方法与控制策略，从而使得交易信用能够更好地协调分散式供应链。不难想象，研究具有信用风险且信用期有限的交易信用激励机制，或者设计具有信用风险的交易信用与其他协调契约的组合激励机制是十分重要的，而且应用前景也将会非常广阔。

（3）本书在研究供应链成员的交易信用激励策略或组合激励策略时，假定需求、成本、边际利润等信息是制造商与零售商的共同知识。然而在很多时候，这些信息对供应链成员来说是不完全的或非对称的。比如，关于市场需求的信息虽然可以通过市场调查或分析历史销售数据进行预测，但是我们知道预测往往是不准确的，而且预测的时间跨度越长，预测结果就越不准确；又比如，零售商可能会故意隐瞒或谎报自己的资金成本信息，进而获得更大的经济利益。那么，在信息不完全的情形下，如何设计更有效的交易信用激励机制是一个值得深入研究的问题。

（4）本书是从理论上研究了供应链交易信用激励机制以及由交易信用与其他协调契约构成的组合激励机制，主要以定量的数学模型为分析工具给出了供应链成员企业的最优运作策略选择（这也是当前供应链管理研究领域通常采用的规范性研究方法），而缺少实证分析以检验相关的结论。因此，我们以后可以在理论研究的基础上，尝试采用计量经济分析方法，根据中国上市公司的相关财报数据或者通过问卷调查与企业实地调研收集数据，考察交易信用与运营决策，以及供应链绩效之间的关系，对供应链协作管理中的交易信用激励机制（或者组合激励机制）展开实证研究。

参 考 文 献

[1] 安怡，骆建文. 基于价格折扣的易腐物品供应链库存的协作控制研究 [J]. 管理工程学报，2007，21（4）：80 - 84.

[2] 胡劲松，胡玉梅. 模糊环境下考虑缺货和延期支付的 Stackelberg 均衡策略 [J]. 管理工程学报，2011，25（2）：87 - 94.

[3] 贾涛，陈志刚，徐渝. 基于部分延期付款的供需一体化库存模型研究 [J]. 预测，2009，28（3）：75 - 80.

[4] 贾涛，郑毅，吴波. 基于延时还款期的供应链协调策略研究 [J]. 工业工程与管理，2011，16（3）：8 - 15.

[5] 李怡娜，徐学军，叶飞. 可控提前期供应链库存优化的信用期机制研究 [J]. 工业工程与管理，2008，13（5）：29 - 35.

[6] 李怡娜，徐学军. 信息不对称条件下可控提前期供应链协调机制研究 [J]. 管理工程学报，2011，25（3）：194 - 199.

[7] 刘涛，李帮义，公彦德. 商务信用下的供应链协调策略及其测度 [J]. 系统工程理论与实践，2010，30（8）：1345 - 1354.

[8] 刘涛，李帮义，公彦德. 允许延期支付条件下退化性商品的销售与定购策略 [J]. 中国管理科学，2009，17（5）：81 - 87.

[9] 骆建文. 基于交易信用激励的供应链协调机制 [J]. 系统管理学报，2009，18（1）：49 - 55.

[10] 马慧，杨德礼，王建军. 随机需求下基于商业信用的回购与收入共享联合契约协调研究 [J]. 运筹与管理，2011，20（5）：79 - 85.

[11] 邱昊. 基于延期支付的供应链库存协调策略研究 [D].

合肥：中国科学技术大学，2007.

[12] 王海军，黄铮．基于可控提前期的两供应商——单制造商协同模型 [J]．管理工程学报，2010，24（4）：138 – 142.

[13] 于丽萍，葛汝刚，黄小原．商业信用——广告合作的供应链两部定价契约协调 [J]．工业工程与管理，2010，15（2）：41 – 45.

[14] 于丽萍，黄小原，李丽君．非对称信息下供应链中商业信用激励契约研究 [J]．东北大学学报（自然科学版），2008，29（1）：141 – 144.

[15] 于丽萍，黄小原，邱若臻．基于商业信用的收入共享契约与供应链协调 [J]．运筹与管理，2009b，18（1）：42 – 46.

[16] 于丽萍，黄小原，徐家旺．随机需求下供应链商业信用契约协调 [J]．运筹与管理，2009a，18（6）：33 – 36.

[17] 于丽萍，黄小原．基于商业信用的供应链数量折扣协调策略 [J]．东北大学学报（自然科学版），2008，30（10）：1504 – 1507.

[18] 张钦红，骆建文．不对称信息下易腐物品供应链最优数量折扣合同研究 [J]．系统工程理论与实践，2007，27（12）：23 – 28.

[19] 张钦红，骆建文．双边不完全信息下的供应链信用期激励机制 [J]．系统工程理论与实践，2009，29（9）：32 – 40.

[20] 张钦红．供应链交易信用协调机制研究 [D]．上海：上海交通大学，2009.

[21] 赵晓宇，贾涛，徐渝．条件延期付款下一体化可控提前期模型研究 [J]．运筹与管理，2011，20（5）：86 – 93.

[22] Abad, P. L. , Jaggi, C. K. A joint approach for setting unit price and the length of the credit period for a seller when end demand is price sensitive [J]. International Journal of Production Economics, 2003, 83（2）：115 – 122.

[23] Abad, P. L. Supplier pricing and lot sizing when demand is

price sensitive [J]. European Journal of Operational Research, 1994, 78 (3): 334 -354.

[24] Aberdeen Group, Supply chain finance benchmark report, 2006.

[25] Aggarwal, S. P. , Jaggi, C. K. Ordering policies of deteriorating items under permissible delay in payments [J]. Journal of the Operational Research Society, 1995, 46 (5): 658 -662.

[26] Alfares, H. K. , Elmorra, H. H. The distribution-free newsboy problem: Extensions to the shortage penalty case [J]. International Journal of Production Economics, 2005, 93 (8): 465 -477.

[27] Arcelus, F. J. , Shah, N. H. , Srinivasan, G. Retailer's pricing, credit and inventory policies for deteriorating items in response to temporary price/credit incentives [J]. International Journal of Production Economics, 2003 (81 -82): 153 -162.

[28] Arkan, A. , Hejazi, S. R. Coordinating orders in a two echelon supply chain with controllable lead time and ordering cost using the credit period [J]. Computers & Industrial Engineering, 2012, 62 (1): 56 -69.

[29] Banerjee, A. On "A quantity discount pricing model to increase vendor profits" [J]. Management Science, 1986, 32 (11): 1513 -1517.

[30] Ben -Daya, M. , Raouf, A. Inventory models involving lead time as a decision variable [J]. Journal of the Operational Research Society, 1994, 45 (5): 579 -582.

[31] Benton, W. C. , Park, S. A classification of literature on determining the lot size under quantity discounts [J]. European Journal of Operational Research, 1996, 92 (2): 219 -238.

[32] Bergen M. , John, G. Understanding cooperative advertising participation rates in conventional channels [J]. Journal of Marketing

Research, 1997, 34 (3): 357 –369.

[33] Biais, B. , Gollier, C. Trade credit and credit rationing [J].
Review of Financial Studies, 1997, 10 (4): 903 –937.

[34] Brennan, L. How retailers are putting it all together? [J].
Sales and Marketing Management, 1988, 5 (1): 62 –65.

[35] Brennan, M. J. , Maksimovic, V. , Zechner, J. Vendor fi-
nancing [J]. Journal of Finance, 1988, 43 (5): 1127 –1141.

[36] Burkart, M. , Ellingsen, T. In-kind finance: A theory of
trade credit [J]. American Economic Review, 2004, 94 (3): 569 –
590.

[37] Burnetas, A. , Gilbert, S. M. , Smith, C. E. Quantity dis-
counts in single-period supply contracts with asymmetric demand informa-
tion [J]. IIE Transactions, 2007, 39 (5): 465 –479.

[38] Cachon, G. P. , Lariviere, M. A. Contracting to assure sup-
ply: How to share demand forecasts in a supply chain [J]. Management
Science, 2001, 47 (5): 629 –646.

[39] Cachon, G. P. , Lariviere, M. A. Supply chain coordination
with revenue-sharing contracts: Strengths and limitations [J]. Manage-
ment Science, 2005, 51 (1): 30 –44.

[40] Cachon, G. P. Supply chain coordination with contracts. In:
Graves, S. , de Kok, T. (Eds.), Handbook of Operations Research
and Management Science: Supply Chain Management [M]. Amster-
dam: Elsevier, 2003: 229 –339.

[41] Chaharsooghi, S. K. , Heydari, J. Supply chain coordina-
tion for the joint determination of order quantity and reorder point using
credit option [J]. European Journal of Operational Research, 2010,
204 (1): 86 –95.

[42] Chan, C. K. , Lee, Y. C. E. A co-ordination model combi-
ning incentive scheme and co-ordination policy for a single-vendor-multi-

buyer supply chain [J]. International Journal of Production Economics, 2012, 135 (1): 136 - 143.

[43] Chand, S. , Ward, J. A note on "Economic order quantity under conditions of permissible delay in payments" [J]. Journal of the Operational Research Society, 1987, 38 (1): 83 - 84.

[44] Chang, C. H. , Ho, C. H. , Ouyang, L. H. , et al. The optimal pricing and ordering policy for an integrated inventory model when trade credit linked to order quantity [J]. Applied Mathematical Modelling, 2009, 33 (7): 2978 - 2991.

[45] Chang, C. T. , Ouyang, L. Y. , Teng, J. T. An EOQ model for deteriorating items under supplier credits linked to ordering quantity [J]. Applied Mathematical Modelling, 2003, 27 (12): 983 - 996.

[46] Chang, C. T. , Wu, S. J. A note on "optimal payment time under permissible delay in payment for products with deterioration" [J]. Production Planning & Control, 2003, 14 (5): 472 - 482.

[47] Chang, C. T. An EOQ model for deteriorating items under inflation when supplier credits linked to order quantity [J]. International Journal of Production Economics, 2004, 88 (3): 307 - 316.

[48] Chang, H. C. , Ho, C. H. , Ouyang, L. Y. , et al. The optimal pricing and ordering policy for an integrated inventory model when trade credit linked to order quantity [J]. Applied Mathematical Modelling, 2009, 33 (7): 2978 - 2991.

[49] Chang, H. C. , Ouyang, L. Y. , Wu, K. S. , et al. Integrated vendor-buyer cooperative inventory models with controllable lead time and ordering cost reduction [J]. European Journal of Operational Research, 2006, 170 (2): 481 - 495.

[50] Chang, H. J. , Dye, C. Y. An inventory model for deteriorating items with partial backlogging and permissible delay in payments [J]. International Journal of Systems Science, 2001, 32 (3): 345 -

352.

［51］ Chang, H. J. , Hung, C. H. , Dye, C. Y. An inventory model for deteriorating items with linear trend demand under the condition of permissible delay in payments ［J］. Production Planning & Control, 2001, 12 (3): 274 –282.

［52］ Chen, L. H. , Kang, F. S. Coordination between vendor and buyer considering trade credit and items of imperfect quality ［J］. International Journal of Production Economics, 2010a, 123 (1): 52 –61.

［53］ Chen, L. H. , Kang, F. S. Integrated inventory models considering the two-level trade credit policy and a price-negotiation scheme ［J］. European Journal of Operational Research, 2010b, 205 (1): 47 –58.

［54］ Chen, L. H. , Kang, F. S. Integrated vendor-buyer cooperative inventory models with variant permissible delay in payments ［J］. European Journal of Operational Research, 2007, 183 (2): 658 – 673.

［55］ Chung, K. J. , Goyal, S. K. , Huang, Y. F. The optimal inventory policies under permissible delay in payments depending on the ordering quantity ［J］. International Journal of Production Economics, 2005, 95 (2): 203 –213.

［56］ Chung, K. J. , Huang, C. K. An ordering policy with allowable shortage and permissible delay in payments ［J］. Applied Mathematical Modelling, 2009, 33 (5): 2518 –2525.

［57］ Chung, K. J. , Huang, T. S. The optimal retailer's ordering policies for deteriorating items with limited storage capacity under trade credit financing ［J］. International Journal of Production Economics, 2007, 106 (1): 127 –145.

［58］ Chung, K. J. , Huang, Y. F. The optimal cycle time for EPQ inventory model under permissible delay in payments ［J］. International Journal of Production Economics, 2003, 84 (3): 307 -318.

[59] Chung, K. J. , Liao, J. J. Lot-sizing decisions under trade credit depending on the ordering quantity [J]. Computers & Operations Research, 2004, 31 (6): 909 -928.

[60] Chung, K. J. , Liao, J. J. The optimal ordering policy in a DCF analysis for deteriorating items when trade credit depends on the order quantity [J]. International Journal of Production Economics, 2006, 100 (1): 116 -130.

[61] Chung, K. J. , Liao, J. J. The optimal ordering policy of the EOQ model under trade credit depending on the ordering quantity from the DCF approach [J]. European Journal of Operational Research, 2009, 196 (2): 563 -568.

[62] Chung, K. J. , Liao, J. J. The simplified solution algorithm for an integrated supplier-buyer inventory model with two-part trade credit in a supply chain system [J]. European Journal of Operational Research, 2011, 213 (1): 156 -165.

[63] Chung, K. J. A theorem on the determination of economic order quantity under conditions of permissible delay in payments [J]. Computers & Operations Research, 1998, 25 (1): 49 -52.

[64] Chung, K. J. An accurate and reliable solution procedure for the EOQ model with deteriorating items under supplier credits linked to the ordering quantity [J]. Computers & Industrial Engineering, 2009, 56 (4): 1715 -1720.

[65] Cook, L. D. Trade credit and bank finance: Financing small firms in Russia [J]. Journal of Business Venturing, 1999, 14 (5 - 6): 493 -518.

[66] Corbett, C. J. , Groote, X. A supplier's optimal quantity discount policy under asymmetric information [J]. Management Science, 2000, 46 (3): 444 -450.

［67］ Danielson, M. G. , Scott, J. A. Bank loan availability and trade credit demand ［J］. Financial Review, 2004, 39 (4): 579 – 560.

［68］ Dave, U. Letters and viewpoints on "Economic order quantity under conditions of permissible delay in payments" ［J］. Journal of the Operational Research Society, 1985, 36 (11): 1069 – 1070.

［69］ Deloof, M. , Jegers, M. Trade credit, product quality, and intragroup trade: Some European evidence ［J］. Financial Management, 1996, 25 (3): 33 – 43.

［70］ Donohue, K. L. Efficient supply contracts for fashion goods with forecast updating and two production modes ［J］. Management Science, 2000, 46 (11): 1397 – 1411.

［71］ Emery, G. W. A pure financial explanation for trade credit ［J］. Journal of Financial and Quantitative Analysis, 1984, 19 (3): 271 – 285.

［72］ Emmons, H. , Gilbert, S. The role of returns policies in pricing and inventory decisions for catalogue goods ［J］. Management Science, 1998, 44 (2): 276 – 283.

［73］ Ferris, J. S. A transactions theory of trade credit use ［J］. Quarterly Journal of Economics, 1981, 96 (2): 243 – 270.

［74］ Fisman, R. , Love, I. Trade credit, financial intermediary development, and industry growth ［J］. Journal of Finance, 2003, 58 (1): 353 – 374.

［75］ Gallego, G. , Moon, I. The distribution free newsboy problem: Review and extensions ［J］. Journal of the Operational Research Society, 1993, 44 (8): 825 – 834.

［76］ Ge, Y. , Qiu, J. P. Financial development, bank discrimination and trade credit ［J］. Journal of Banking and Finance, 2007, 31 (2): 513 – 530.

[77] Goyal, S. K. Comment on: A generalized quantity discount pricing model to increase supplier's profits [J]. Management Science, 1987, 33 (12): 1635 - 1636.

[78] Goyal, S. K. Economic order quantity under conditions of permissible delay in payments [J]. Journal of the Operational Research Society, 1985, 36 (4): 335 - 338.

[79] Haley, C. W. , Higgins, R. C. Inventory policy and trade credit financing [J]. Management Science, 1973, 20 (4): 464 - 471.

[80] He, X. , Prasad, A. , Sethi, S. P. Cooperative advertising and pricing in a dynamic stochastic supply chain: Feedback stackelberg strategies [J]. Production and Operations Management, 2009, 18 (1): 78 - 94.

[81] Ho, C. H. , Ouyang, L. Y. , Su, C. H. Optimal pricing, shipment and payment policy for an integrated supplier-buyer inventory model with two-part trade credit [J]. European Journal of Operational Research, 2008, 187 (2): 496 - 510.

[82] Ho, C. H. The optimal integrated inventory policy with price-and-credit-linked demand under two-level trade credit [J]. Computers & Industrial Engineering, 2011, 60 (1): 117 - 126.

[83] Hou, J. , Zeng, A. Z. , Zhao, L. Coordination with a backup supplier through buy-back contract under supply disruption [J]. Transportation Research Part E: Logistics and Transportation Review, 2010, 46 (6): 881 - 895.

[84] Hsieh, C. C. , Liu, Y. T. , Wang, W. M. Coordinating ordering and pricing decisions in a two-stage distribution system with price-sensitive demand through short-term discounting [J]. European Journal of Operational Research, 2010, 207 (1): 142 - 151.

[85] Hsieh, C. C. , Lu, Y. T. Manufacturer's return policy in a

two-stage supply chain with two risk-averse retailers and random demand [J]. European Journal of Operational Research, 2010, 207 (1): 514 – 523.

[86] Huang, D. , Ouyang, L. Q. , Zhou, H. Note on: Managing multi-echelon multi-item channels with trade allowances under credit period [J]. International Journal of Production Economics, 2012, 138 (1): 117 – 124.

[87] Huang, X. , Choi, S. M. , Ching, W. K. , et al. On supply chain coordination for false failure returns: A quantity discount contract approach [J]. International Journal of Production Economics, 2011, 133 (2): 634 – 644.

[88] Huang, Y. F. An inventory model under two levels of trade credit and limited storage space derived without derivatives [J]. Applied Mathematical Modelling, 2006, 30 (5): 418 – 436.

[89] Huang, Y. F. Economic order quantity under conditionally permissible delay in payments [J]. European Journal of Operational Research, 2007a, 176 (2): 911 – 924.

[90] Huang, Y. F. Optimal retailer's ordering policies in the EOQ model under trade credit financing [J]. Journal of the Operational Research Society, 2003, 54 (9): 1011 – 1015.

[91] Huang, Y. F. Optimal retailer's replenishment decisions in the EPQ model under two levels of trade credit policy [J]. European Journal of Operational Research, 2007b, 176 (3): 1577 – 1591.

[92] Huang, Z. , Li, S. X. Co-op advertising models in manufacturer-retailer supply chains: A game theory approach [J]. European Journal of Operational Research, 2001, 135 (3): 527 – 544.

[93] Hwang, H. , Shinn, S. W. Retailer's pricing and lot sizing policy for exponentially deteriorating products under the condition of permissible delay in payments [J]. Computers & Operations Research,

1997, 24 (6): 539 -547.

[94] Jaber, M. Y. , Osman, I. H. Coordinating a two-level supply chain with delay in payments and profit sharing [J]. Computers & Industrial Engineering, 2006, 50 (4): 385 -400.

[95] Jaggi, C. K. , Goyal, S. K. , Goel, S. K. Retailer's optimal replenishment decisions with credit-linked demand under permissible delay in payments [J]. European Journal of Operational Research, 2008, 190 (1): 130 -135.

[96] Jamal, A. M. M, Sarker, B. R. , Wang, S. An ordering policy for deteriorating items with allowable shortage and permissible delay in payment [J]. Journal of the Operational Research Society, 1997, 48 (8): 826 -833.

[97] Joglekar, P. N. Comments on "A quantity discount pricing model to increase vendor profits" [J]. Management Science, 1988, 34 (11): 1391 -1398.

[98] Jørgensen, S. , Sigue, S. P. , Zaccour, G. Dynamic cooperative advertising in a channel [J]. Journal of Retailing, 2000, 76 (1): 71 -92.

[99] Jørgensen, S. , Taboubi, S. , Zaccour, G. Retail promotions with negative brand image effects: Is cooperation possible? [J]. European Journal of Operational Research, 2003, 150 (2): 395 - 405.

[100] Kim, G. , Wu, C. H. Scenario aggregation for supply chain quantity-flexibility contract [J]. International Journal of Systems Science, 2012, 123 (1): 1 -17.

[101] Kim, J. , Hwang, H. , Shinn, S. W. An optimal credit policy to increase supplier's profits with price-dependent demand functions [J]. Production Planning & Control, 1995, 6 (1): 45 -50.

[102] Krichen, S. , Laabidi, A. , Abdelaziz, F. B. Single sup-

plier multiple cooperative retailers inventory model with quantity discount and permissible delay in payments [J]. Computers & Industrial Engineering, 2011, 60 (1): 164 –172.

[103] Krishnan, H. , Winter, R. A. On the role of revenue-sharing contracts in supply chains [J]. Operations Research Letters, 2011, 39 (1): 28 –31.

[104] Lal, R. , Staelin, R. An approach for developing an optimal discount pricing policy [J]. Management Science, 1984, 30 (12): 1524 –1539.

[105] Lau, A. H. L. , Lau, H. S. , Wang, J. C. Designing a quantity discount scheme for a newsvendor-type product with numerous heterogeneous retailers [J]. European Journal of Operational Research, 2007, 180 (2): 585 –600.

[106] Lau, H. S. , Lau, A. H. L. Reordering strategies for a newsboy-type product [J]. European Journal of Operational Research, 1997, 103 (3): 557 –572.

[107] Lau, H. S. , Su, C. , Wang, Y. Y. , et al. Volume discounting coordinates a supply chain effectively when demand is sensitive to both price and sales effort [J]. Computers & Operations Research, 2012, 39 (12): 3267 –3280.

[108] Lee, C. H. , Rhee, B. D. Coordination contracts in the presence of positive inventory financing costs [J]. International Journal of Production Economics, 2010, 124 (2): 331 –339.

[109] Lee, C. M. , Hsu, S. L. The effect of advertising on the distribution-free newsboy problem [J]. International Journal of Production Economics, 2011, 129 (1): 217 –224.

[110] Lee, H. L. , Rosenblatt, M. J. A generalized quantity discount pricing model to increase supplier profits [J]. Management Science, 1986, 32 (9): 1178 –1185.

[111] Lee, Y. W. , Stowe, J. D. Product risk, asymmetric information, and trade credit [J]. Journal of Financial and Quantitative Analysis, 1993, 28 (2): 285 - 300.

[112] Li, J. , Liu, L. Supply chain coordination with quantity discount policy [J]. International Journal of Production Economics, 2006, 101 (1): 89 - 98.

[113] Li, Y. , Xu, X. , Zhao, X. , et al. Supply chain coordination with controllable lead time and asymmetric information [J]. European Journal of Operational Research, 2012, 217 (1): 108 - 119.

[114] Liao, C. J. , Shyu, C. H. An analytical determination of lead time with normal demand [J]. International Journal of Operations and Production Management, 1991, 11 (9): 72 - 78.

[115] Liao, H. C. , Tsai, C. H. , Su, C. T. An inventory model with deteriorating items under inflation when a delay in payment is permissible [J]. International Journal of Production Economics, 2000, 63 (2): 207 - 214.

[116] Liao, J. J. , Huang, K. N. , Chung, K. J. Lot-sizing decisions for deteriorating items with two warehouses under an order-size-dependent trade credit [J]. International Journal of Production Economics, 2012, 137 (1): 102 - 115.

[117] Liao, J. J. A note on an EOQ model for deteriorating items under supplier credit linked to ordering quantity [J]. Applied Mathematical Modelling, 2007, 31 (8): 1690 - 1699.

[118] Liao, J. J. On an EPQ model for deteriorating items under permissible delay in payments [J]. Applied Mathematical Modelling, 2007, 31 (3): 393 - 403.

[119] Lin, Y. J. , Ouyang, L. Y. , Dang, Y. F. A joint optimal ordering and delivery policy for an integrated supplier-retailer inventory model with trade credit and defective items [J]. Applied Mathematics

and Computation, 2012, 218 (14): 7498 – 7514.

[120] Long, M. S. , Malitz, I. B. , Ravid, S. A. Trade credit, quality guarantees, and product marketability [J]. Financial Management, 1993, 22 (4): 117 – 127.

[121] Luo, J. W. , Zhang, Q. H. Trade credit: A new mechanism to coordinate supply chain [J]. Operations Research Letters, 2012, 40 (5): 378 – 384.

[122] Luo, J. W. Buyer-vendor inventory coordination with credit period incentives [J]. International Journal of Production Economics, 2007, 108 (1 – 2): 143 – 152.

[123] Mantrala, M. K. , Raman, K. Demand uncertainty and supplier's returns policies for a multi-store style-good retailer [J]. European Journal of Operational Research, 1999, 115 (2): 270 – 284.

[124] Mian, S. L. , Smith, C. W. Accounts receivable management policy: Theory and evidence [J]. Journal of Finance, 1992, 47 (1): 169 – 200.

[125] Milgrom, P. , Roberts, J. Rationalizability, learning, and equilibrium in games with strategic complementarities [J]. Econometrica, 1990, 58 (6): 1255 – 1277.

[126] Monahan, J. P. A quantity discount pricing model to increase vendor profits [J]. Management Science, 1984, 30 (6): 720 – 726.

[127] Moon, I. , Choi, S. A note on lead time and distributional assumptions in continuous review inventory models [J]. Computers & Operations Research, 1998, 25 (11): 1007 – 1012.

[128] Mostard, J. , Koster, R. , Teunter, R. The distribution-free newsboy problem with resalable returns [J]. International Journal of Production Economics, 2005, 97 (3): 329 – 342.

[129] Munson, C. L. , Rosenblatt, M. J. Coordinating a three-

level supply chain with quantity discounts [J]. IIE Transactions, 2001, 33 (5): 371 –384.

[130] Munson, C. L. , Rosenblatt, M. J. Theories and realities of quantity discounts: An exploratory study [J]. Production and Operations Management, 1998, 7 (4): 352 –369.

[131] Myerson, R. B. Game theory: Analysis of conflict [M]. Cambridge, MA: Harvard University Press, 1991.

[132] Ng, C. K. , Smith, J. K. , Smith, R. L. Evidence on the determinants of credit terms used in interfirm trade [J]. Journal of Finance, 1999, 54 (3): 1109 –1129.

[133] Nicholson, W. , Snyder, C. Microeconomic theory: Basic principles and extensions [M]. Mason, Ohio: Thomson South – Western, 2008.

[134] Nilsen, J. H. Trade credit and the bank lending channel [J]. Journal of Money, Credit and Banking, 2002, 34 (1): 226 –253.

[135] Ouyang, L. Y. , Ho, C. H. , Su, C. H. An optimization approach for joint pricing and ordering problem in an integrated inventory system with order-size dependent trade credit [J]. Computers & Industrial Engineering, 2009, 57 (3): 920 –930.

[136] Ouyang, L. Y. , Ho, C. H. , Su, C. H. Optimal strategy for an integrated system with variable production rate when the freight rate and trade credit are both linked to the order quantity [J]. International Journal of Production Economics, 2008, 115 (1): 151 –162.

[137] Ouyang, L. Y. , Teng, J. T. , Chen, L. H. Optimal ordering policy for deteriorating items with partial backlogging under permissible delay in payments [J]. Journal of Global Optimization, 2006, 34 (2): 245 –271.

[138] Ouyang, L. Y. , Teng, J. T. , Chuang, K. W. , et al.

Optimal inventory policy with noninstantaneous receipt under trade credit [J]. International Journal of Production Economics, 2005, 98 (3): 290 – 300.

[139] Ouyang, L. Y. , Wu, K. S. , Ho, C. H. Integrated vendor-buyer cooperative models with stochastic demand in controllable lead time [J]. International Journal of Production Economics, 2004, 92 (3): 255 – 266.

[140] Ouyang, L. Y. , Wu, K. S. Mixture inventory model involving variable lead time with a service level constraint [J]. Computers and Operations Research, 1997, 24 (9): 875 – 882.

[141] Ouyang, L. Y. , Yeh, N. C. , Wu, K. S. Mixture inventory model with backorders and lost sales for variable lead time [J]. Journal of the Operational Research Society, 1996, 47 (6): 829 – 832.

[142] Pan, J. C. , Hsiao, Y. C. Integrated inventory models with controllable lead time and backorder discount considerations [J]. International Journal of Production Economics, 2005, 93 (1): 387 – 397.

[143] Parlar, M. , Wang, Q. Discounting decisions in a supplier-buyer relationship with a linear buyer's demand [J]. IIE Transactions, 1994, 26 (2): 34 – 41.

[144] Pasternack, B. A. Optimal pricing and return policies for perishable commodities [J]. Marketing Science, 1985, 4 (2): 166 – 176.

[145] Petersen, M. A. , Rajan, R. G. Trade credit: Theories and evidence [J]. Review of Financial Studies, 1997, 10 (3): 661 – 691.

[146] Pike, R. , Cheng, N. S. , Cravens, K. , et al. Trade credit terms: Asymmetric information and price discrimination evidence from three continents [J]. Journal of Business Finance & Accounting,

2005, 32 (5 – 6): 1197 – 1236.

[147] Plambeck, E. L. , Taylor, T. A. Sell the plant? The impact of contract manufacturing on innovation, capacity, and profitability [J]. Management Science, 2005, 51 (1): 133 – 150.

[148] Pratt, J. W. Risk aversion in the small and in the large [J]. Econometrica, 1964, 32 (1): 122 – 136.

[149] Rachamadugu, R. Effect of delayed payments (trade credit) on order quantities [J]. Journal of the Operational Research Society, 1989, 40 (9): 805 – 813.

[150] Rajan, R. G. , Zingales, L. What do we know about capital structure? Some evidence from international data [J]. Journal of Finance, 1995, 50 (5): 1421 – 1460.

[151] Roth, A. E. Axiomatic models of bargaining [M]. New York: Spring – Verlag, 1979.

[152] Sana, S. S. , Chaudhuri, K. S. A deterministic EOQ model with delays in payments and price-discount offers [J]. European Journal of Operational Research, 2008, 184 (2): 509 – 533.

[153] Sarker, B. R. , Jamal, A. M. M. , Wang, S. Optimal payment time under permissible delay in payment for products with deterioration [J]. Production Planning & Control, 2000, 11 (4): 380 – 390.

[154] Sarker, B. R. , Jamal, A. M. M. , Wang, S. Supply chain model for perishable products under inflation and permissible delay in payment [J]. Computers & Operations Research, 2000, 27 (1): 59 – 75.

[155] Sarmah, S. P. , Acharya, D. , Goyal, S. K. Buyer-vendor coordination models in supply chain management [J]. European Journal of Operational Research, 2006, 175 (1): 1 – 15.

[156] Sarmah, S. P. , Acharya, D. , Goyal, S. K. Coordination and profit sharing between a manufacturer and a buyer with target profit

under credit option [J]. European Journal of Operational Research, 2007, 182 (3): 1469 – 1478.

[157] Sarmah, S. P. , Acharya, D. , Goyal, S. K. Coordination of a single-manufacturer/multi-buyer supply chain with credit option [J]. European Journal of Operational Research, 2008, 111 (2): 676 – 685.

[158] Schwartz, R. A. An economic model of trade credit [J]. Journal of Financial and Quantitative Analysis, 1974, 9 (4): 643 – 657.

[159] SeyedEsfahania, M. M. , Biazaran, M. , Gharakhani, M. A game theoretic approach to coordinate pricing and vertical co-op advertising in manufacturer-retailer supply chains [J]. European Journal of Operational Research, 2011, 211 (2): 263 – 273.

[160] Sheen, G. J. , Tsao, Y. C. Channel coordination, trade credit and quantity discounts for freight cost [J]. Transportation Research Part E: Logistics and Transportation Review, 2007, 43 (2): 112 – 128.

[161] Shinn, S. W. , Hwang, H. , Sung, S. P. Joint price and lot size determination under conditions of permissible delay in payments and quantity discounts for freight cost [J]. European Journal of Operational Research, 1996, 91 (3): 528 – 542.

[162] Shinn, S. W. , Hwang, H. Optimal pricing and ordering policies for retailers under order-size dependent delay in payments [J]. Computers & Operations Research, 2003, 30 (1): 35 – 50.

[163] Sinha, S. , Sarmah, S. P. Single-vendor multi-buyer discount pricing model under stochastic demand environment [J]. Computers & Industrial Engineering, 2010, 59 (4): 945 – 953.

[164] Smith, J. K. Trade credit and informational asymmetry [J]. Journal of Finance, 1987, 42 (4): 863 – 872.

[165] Soni, H. N. , Patel, K. A. Optimal strategy for an integrated inventory system involving variable production and defective items under retailer partial trade credit policy [J]. Decision Support Systems, 2012, 54 (1): 235 - 247.

[166] Spengler, J. J. Vertical integration and antitrust policy [J]. Journal of Political Economy, 1950, 8 (4): 347 - 352.

[167] Stalk, G. Time-the next source of competitive advantage [J]. Harvard Business Review, 1988, 66 (4): 41 - 51.

[168] Su, C. H. Optimal replenishment policy for an integrated inventory system with defective items and allowable shortage under trade credit [J]. International Journal of Production Economics, 2012, 139 (1): 247 - 256.

[169] Taylor, T. A. Supply chain coordination under channel rebates with sales effort effects [J]. Management Science, 2002, 48 (8): 992 - 1007.

[170] Teachen, J. J. Ford, Chrysler, Incentives don't quite match GM's [N]. Automotive News, 2003 - 01 - 13.

[171] Teng, J. T. , Chang, C. T. , Goyal, S. K. Optimal pricing and ordering policy under permissible delay in payments [J]. International Journal of Production Economics, 2005, 97 (2): 121 - 129.

[172] Teng, J. T. , Min, J. , Pan, Q. Economic order quantity model with trade credit financing for non-decreasing demand [J]. Omega, 2012, 40 (3): 328 - 335.

[173] Teng, J. T. On the economic order quantity under conditions of permissible delay in payments [J]. Journal of the Operational Research Society, 2002, 53 (8): 915 - 918.

[174] Tersine, R. J. , Hummingbird, E. A. Lead-time reduction: The search for competitive advantage [J]. International Journal of Operations and Production Management, 1995, 15 (2): 8 - 18.

［175］ Tersine, R. J. Principles of inventory and materials management ［M］. New York: North Holland, 1982.

［176］ Thangam, A. , Uthayakumar, R. Two-echelon trade credit financing for perishable items in a supply chain when demand depends on both selling price and credit period ［J］. Computers & Industrial Engineering, 2009, 57 （3）: 773 – 786.

［177］ Thangam, A. Optimal price discounting and lot-sizing policies for perishable items in a supply chain under advance payment scheme and two-echelon trade credits ［J］. International Journal of Production Economics, 2012, 139 （2）: 459 – 472.

［178］ Tsao, Y. C. , Sheen, G. J. A multi-item supply chain with credit periods and weight freight cost discounts ［J］. International Journal of Production Economics, 2012, 135 （1）: 106 – 115.

［179］ Tsao, Y. C. Managing multi-echelon multi-item channels with trade allowances under credit period ［J］. International Journal of Production Economics, 2010, 127 （2）: 226 – 237.

［180］ Tsay, A. A. Risk sensitivity in distribution channel partnership: Implications for manufacturer return policies ［J］. Journal of Retailing, 2002, 78 （2）: 147 – 160.

［181］ Tsay, A. A. The quantity flexibility contract and supplier-customer incentives ［J］. Management Science, 1999, 45 （10）: 1339 – 1358.

［182］ Viswanathan, S. , Wang, Q. Discount pricing decisions in distribution channels with price-sensitive demand ［J］. European Journal of Operational Research, 2003, 149 （3）: 571 – 587.

［183］ Wang, Q. , Wu, Z. Improving a supplier's quantity discount gain from many different buyers ［J］. IIE Transactions, 2000, 32 （11）: 1071 – 1079.

［184］ Wang, Q. Determination of supplier's optimal discount

schedules with heterogeneous buyers [J]. Naval Research Logistics, 2002, 49 (1): 46 – 59.

[185] Weng, Z. K. , Wong, R. T. General models for the supplier's all-unit quantity discount policy [J]. Naval Research Logistics, 1993, 40 (7): 971 – 991.

[186] Weng, Z. K. Channel coordination and quantity discounts [J]. Management Science, 1995a, 41 (9): 1509 – 1522.

[187] Weng, Z. K. Coordinating order quantities between the manufacturer and the buyer: A generalized newsvendor model [J]. European Journal of Operational Research, 2004, 156 (1): 148 – 161.

[188] Weng, Z. K. Modelling quantity discounts under general price-sensitive demand functions: Operational policies and relationships [J]. European Journal of Operational Research, 1995b, 86 (2): 300 – 314.

[189] Wilson, N. , Summers, B. Trade credit terms offered by small firms: Survey evidence and empirical analysis [J]. Journal of Business Finance & Accounting, 2002, 29 (3 – 4): 317 – 351.

[190] Xiao, T. , Yan, X. , Zhao, J. Coordination of a supply chain with advertising investment and allowing the second ordering [J]. Technology and Investment, 2010, 1 (3): 191 – 200.

[191] Xiao, T. , Yang, D. , Shen, H. Coordinating a supply chain with a quality assurance policy via a revenue-sharing contract [J]. International Journal of Production Research, 2011, 49 (1): 99 – 120.

[192] Xie, J. , Neyret, A. Co-op advertising and pricing models in manufacturer-retailer supply chains [J]. Computers & Industrial Engineering, 2009, 56 (4): 1375 – 1385.

[193] Xie, J. , Wei, J. C. Coordinating advertising and pricing in a manufacturer-retailer channel [J]. European Journal of Operational

Research, 2009, 197 (2): 785 – 791.

[194] Xiong, H. , Chen, B. , Xie, J. A composite contract based on buy back and quantity flexibility contracts [J]. European Journal of Operational Research, 2011, 210 (3): 559 – 567.

[195] Yang, P. C. , Wee, H. M. A collaborative inventory system with permissible delay in payment [J]. Mathematical and Computer Modelling, 2006, 43 (3 – 4): 209 – 221.

[196] Yao, Z. , Leung, S. C. H. , Lai, K. K. Manufacturer's revenue-sharing contract and retail competition [J]. European Journal of Operational Research, 2008, 186 (2): 637 – 651.

[197] Ye, F. , Xu, X. Cost allocation model for optimizing supply chain inventory with controllable lead time [J]. Computers & Industrial Engineering, 2010, 59 (1): 93 – 99.

[198] Yue, J. , Austin, J. , Wang, M. C. , et al. Coordination of cooperative advertising in a two-level supply chain when manufacturer offers discount [J]. European Journal of Operational Research, 2006, 168 (1): 65 – 85.

后　　记

　　本书是在我博士论文的基础上撰写而成的。回首读博期间的往事，有过迷茫、有过希望、有过辛酸、有过激动。一直以来，在学习、研究和生活中得到了很多人的关心与帮助，在此向指导和帮助过我的老师、同学、朋友表示最诚挚的谢意！

　　首先，感谢我的恩师骆建文教授的悉心栽培和指导。骆老师深邃的学术思想、严谨的治学态度、细致的工作作风深深地教育和感染了我。在我平时的学习和研究中，骆老师提供了很多的帮助、鼓励和支持，博士论文从选题、构思、撰写、修改至最后定稿都离不开骆老师的指导和启发。骆老师优秀的学术素养和执着的人生态度激励着我在学术的道路上继续前进。

　　其次，感谢安泰经济与管理学院的老师们，黄培清教授让我们接触到了供应链管理的前沿领域，顾锋教授向我们传授了丰富的博弈论知识和人生经验，朱保华教授使我们学习了高深的经济数学分析方法，邵晓峰教授帮助我们拓宽了学术研究的视野，瑞典林雪平大学的唐讴教授与我们分享了运营管理前沿理论和研究心得，薛静老师和刘燕芳老师为我们付出了很多默默无闻的工作。

　　再次，感谢我的同门师兄师弟师妹，与他们交流常常能产生新颖的想法，也能增加不少的人生乐趣。感谢张钦红师兄在论文研究思路上给予的启发，感谢张晨、赵子健、朱传波、张文杰、张春辉、陈光华、霍良安、施荣盛、韩广华、李悦、张子余、张建余在学习和研究中的无私交流及生活上的关心。

最后，感谢刘子兰院长和经济科学出版社的王东岗老师对本书出版给予的关心和大力支持。

曾顺秋

2017 年 10 月